हंसो और मर जाओ

हंसो, तो
बच्चों जैसी हंसी,
हंसो, तो
सच्चों जैसी हंसी।
इतना हंसो
कि तर जाओ,
हंसो
और मर जाओ।

हँसो और मर जाओ

अशोक चक्रधर

डायमंड बुक्स

ashok@chakradhar.com

प्रकाशक : डायमंड पॉकेट बुक्स (प्रा.) लि.
X-30 ओखला इंडस्ट्रियल एरिया, फेज-II
नई दिल्ली-110020
फोन : 011-40712200
ई-मेल : sales@dpb.in
वेबसाइट : www.diamondbook.in
मुद्रक : रेप्रो (इंडिया)

Hanso Aur Mar Jaao
By : Ashok Chakradhar

चौथाई सदी पहले
लगभग रुदन-दिनों में
जिनपर
हम
हंसते-हंसते मर गए
उन
प्यारी बागेश्री को
समर-पति की ओर से
स-मर्पित

अनुक्रम

काम

1.	ओज़ोन लेयर	9
2.	जंगल-गाथा	19
3.	परदादारी	30
4.	पूंछ और मूंछ	31
5.	राजकुमार का काला चश्मा	33
6.	दानसिंह दूधिया	37
7.	उत्तर एक	39
8.	अस्पतालम् खंड-खंड काव्य	41
9.	अलबत्ता	65
10.	हॉटलाइन पर	66
11.	हंसो और मर जाओ	75
12.	लाए साड़ी बलमा अनाड़ी	86
13.	कैमरा देव की आरती	88
14.	अब तो पगले मुस्कुरा	90
15.	ज़िंदगी का आंकड़ा	93
16.	बात करनी है तो कर लो	95
17.	शिमला की माल रोड	97
18.	मिन्नतें कीं बहुत	100
19.	फूलों से शर्मिंदा	102

कामनाएं

20.	क्या हो अख़बार में	106
21.	चिट्ठी राम के नाम	107
22.	एक मरे, दो मरें, दस मरें	110
23.	लो ये ख़बर कलमुंही आई	112
24.	सत्यव्रत	114
25.	घर बनता है घर वालों से	119
26.	सद्‌भावना गीत	121

शुभकामनाएं

27.	गया उनासी आया अस्सी/1980	125
28.	अस्सी क्षमताएं/1981	127
29.	इक्यासी का म्यूज़ियम/1982	131
30.	शुभकामनाएं नए साल की/1983	134
31.	आ गया नया साल/1984	137
32.	धन्य चौरासी तुझे धिक्कार/1985	140
33.	सतासी तू इतना कर दे/1987	142
34.	मोटी-मोटी दो महिलाएं/1988	145
35.	दे रहा नवासी नवाशीष/1989	148
36.	अक्कड़-बक्कड़/1990	151
37.	कहे नाइंटीवन, ये कैसा जीवन/1991	154
38.	आइए सर बानवै/1992	158
39.	राम राम राम!/1993	161

श्वेत या श्याम
छटांक या ग्राम
धूम या धड़ाम
अविराम या जाम,
जैसा भी है
ये था उन दिनों का–

काम

ओज़ोन लेयर

पति-पत्नी में
बिलकुल नहीं बनती है,
बिना बात ठनती है।
खिड़की से निकलती हैं
आरोपों की बदबूदार हवाएं,
नन्हें पौधों जैसे बच्चे
खाद-पानी का इंतज़ाम
किससे करवाएं?

होते रहते हैं
शिकवे-शिकायतों के
कंटीले हमले,
सूख गए हैं
मधुर संबंधों के गमले।
नाली से निकलता है
घरेलू पचड़ों के क़चरों का
मैला पानी,
नीरस हो गई है ज़िंदगानी।
संबंध
लगभग विच्छेद हो गया है,
घर की ओज़ोन लेयर में
छेद हो गया है।

सब्ज़ी मंडी से
ताज़ी सब्ज़ी लाए गुप्ता जी
तो खन्ना जी मुरझा गए,
पांडे जी
कृपलानी के फ्रिज को
आंखों ही आंखों में खा गए।
जाफ़री के
नए-नए सोफ़े को
काट गई
कपूर साहब की
नज़रों की कुल्हाड़ी,
सुलगती ही रहती है
मिसेज़ लोढ़ा की
ईर्ष्या की काठ की हांडी।

सोने का सैट दिखाया
सरला आंटी ने
तो कट के रह गईं
मिसेज़ बतरा,
उनकी इच्छाओं की क्यारी में
नहीं बरसता है
ऊपर की कमाई के पानी का
एक भी क़तरा।

मेहता जी का
जब से प्रमोशन हुआ है,
शर्मा जी के अंदर कई बार
ज़बर्दस्त भूक्षरण हुआ है।

बीहड़ हो गई है
आपस की राम राम,
बंजर हो गई है
नमस्ते दुआ सलाम।
बस ठूंठ जैसा
एक मक़सद-विहीन सवाल है–
'क्या हाल है?'
जवाब को भी जैसे
अकाल ने छुआ है
मुर्दनी अंदाज़ में–
'आपकी दुआ है।'

अधिकांश लोग नहीं करते हैं
चंदा देकर
एसोसिएशन की सिंचाई,
सैक्रेट्री
प्रैसीडेंट करते रहते हैं
एक दूसरे की खिंचाई।
खुल्लमखुल्ला मतभेद हो गया है,
कॉलोनी की ओज़ोन लेयर में
छेद हो गया है।

बरगद जैसे बूढ़े बाबा को
मार दिया बनवारी ने
बुढ़वा मंगल के दंगल में,
रमतू भटकता है
काले कोटों वाली कचहरी के
जले हुए जंगल में।

अभावों की धूल
और अशिक्षा के धुएं से
काले पड़ गए हैं
गांव के कपोत,
सूख गए हैं
चौधरियों की उदारता के
सारे जल स्रोत।
उद्योग चाट गए हैं
छोटे-मोटे धंधे,
कमज़ोर हो गए हैं
बैलों के कंधे।
छुट्टल घूमता है
सरपंच का बिलौटा,
रामदयाल
मानसून की तरह
शहर से नहीं लौटा।

सुजलां सुफलां
शस्य श्यामलां धरती जैसी
अल्हड़ थी श्यामा।
सब कुछ हो गया
लेकिन न शोर हुआ
न हंगामा।
दिल दरक गया है
लाखों हैक्टेअर
परती धरती की तरह
श्यामा का चेहरा
सफ़ेद हो गया है,

गांव की ओज़ोन लेयर में
छेद हो गया है।

जंगल कटे का सरमाया है
और बाक़ी सीमेंट की माया है
कि इमारतें हो रही हैं
हट्टी-कट्टी,
उनसे अमरबेल जैसी
लिपटी है झोंपड़पट्टी।
गुमसुम गौरैया
नहीं गाती है प्रभातियां,
दफ़्तरी वन्य-जीवन में
दुर्लभ हो गई हैं
ईमानदार प्रजातियां।
एडल्ट मूवी देखता है
चिरंजीवी,
संस्कृति को चर रहा है
केबिल टी॰वी॰।
ए॰सी॰ और कूलर में
खुलती नहीं हैं खिड़कियां,
जलाऊ लकड़ी का संकट है
इसलिए
जलाई जाती हैं लड़कियां।
लीपापोती के लिए
थाने की मेहरबानी है,
म्युनिसपैलिटी के
निजी नल में
रिश्वत का पानी है।

ईमानदारी का
अकाल पड़ गया है,
उन्माद के उद्योग के
प्रदूषित कचरे से
सद्‌भाव की नदी का
पानी सड़ गया है।
सदाचार, दुराचार
शिष्टाचार, भ्रष्टाचार
इन सारे शब्दों में
अभेद हो गया है,
शहर की ओज़ोन लेयर में
छेद हो गया है।

कागज़ों पर खुद गई हैं नहरें,
ड्रांइग-रूम में उठ रही हैं लहरें।
राजनीति में सदाशय अनाथ है,
चिपको आंदोलन
कुर्सी के साथ है।
इतने खोदे
इतने खोदे
कि खो दिए
राष्ट्रीय मूल्यों के पहाड़,
पनप रहे हैं
मारामारी के झाड़-झंखाड़।
लाल सुर्ख़ बहती है
हिंसा की नदी,
कोई कहना नहीं मानता
तिरानवै साल की

बुढ़िया हो गई है
बीसवीं सदी।

अरे,
ये कैसा वक़्त आया है,
अख़बारों पर
एकता के अकाल की छाया है।
हो रही है राष्ट्रीय सपनों की
गैरक़ानूनी चराई,
चल रही है
धर्म के ठेकेदारों की चतुराई।
नफ़रत रेगिस्तान की तरह
छाती पर चढ़ रही है,
आबादी का आंतक बढ़ रहा है
और आतंक की
आबादी बढ़ रही है।
भावनाओं का आवेग
प्रदूषित हो गया है,
आंखों तक का पानी
दूषित हो गया है।

'हिंदू मुस्लिम सिख ईसाई,
आपस में हैं भाई-भाई।'
सचमुच हैं
भई, सचमुच हैं,
लेकिन दिलों में
दरारें आ गई हैं,
आपस में भेद हो गया हैं,

देश की ओज़ोन लेयर में
छेद हो गया है।

दोस्तो,
सीमा किसने नापी है,
पर्यावरण का प्रदूषण
सर्वव्यापी है।

वैसे
घर की ओज़ोन लेयर है–
कॉलोनी, मोहल्ला या गांव।
गांव की ओज़ोन लेयर है– शहर।
शहर की ओज़ोन लेयर है– देश।
देश की ओज़ोन लेयर है– दुनिया।
और मुझे इसी बात का ख़ेद है,
कि हर ओज़ोन लेयर के छेद है।

और दोस्तो,
अंत में
मेरी कविता का समझिए कि
क्षेपक प्रसंग है,
और शायद मेरे कहने का
यही ढंग है
कि अभी भी अगर हम
जग सकते हैं,
तो हर छेद पर
पैबंद लग सकते हैं।
बशर्ते हम पाबंद हों

पर्यावरण के आवरण की
सुरक्षा के,
प्रकृति के बारे में
जन-मन की शिक्षा के।
कि वन, प्रांतर, चरागाह
नदी, झील, झरने
बावड़ी, कुएं, तलाब
और समंदर ने
मानव को
हर मुश्किल से निकाला है,
पर्वत मालाओं ने हमें पाला है।
अगर हम इनका
निश्छल रूप बिगाड़ेंगे,
तो अपने भविष्य को
गर्त में गाड़ेंगे।

बात हमारी समझ में नहीं आई है,
अरे,
इसी में सच्चाई है
कि पर्यावरण की सुरक्षा ही
भरेगी सारे घाव,
फिर न शोषण होगा
न हिंसा
न तनाव।

एक दूसरे को नहीं काटेंगे हम
जब पेड़ के काटने पर दर्द होगा,
इंसान प्रकृति का हमदर्द होगा।

बंजर को पानी देंगे
तो धरती धानी होगी,
चौतरफ़ा
मौहब्बत की कहानी होगी।
तब हम
उजाड़ मसान के मुर्दा मर्सियों पर
सिर नहीं धुनेंगे,
बल्कि बाली-बाली की ताली पर
लहराती हरियाली की
स्वर-लहरी सुनेंगे।

तब हम अपने आप बुद्ध होंगे,
क्योंकि हवा-पानी शुद्ध होंगे।

जंगल-गाथा

एक नन्हा मेमना
और उसकी मां बकरी,
जा रहे थे जंगल में
राह थी संकरी।
अचानक
सामने से
आ गया एक शेर,
लेकिन अब तक तो
हो चुकी थी बहुत देर।
भागने का नहीं था
कोई भी रस्ता,
बकरी और मेमने की
हालत ख़स्ता।
उधर शेर के क़दम
धरती नापें,
इधर ये दोनों थर-थर कांपें।
अब तो शेर आ गया
एकदम सामने,
बकरी लगी जैसे-तैसे
बच्चे को थामने।
छिटक कर बोला
बकरी का बच्चा -

शेर अंकल!
क्या तुम हमें खा जाओगे
एकदम कच्चा?

शेर मुस्कुराया,
उसने अपना भारी पंजा
मेमने के सिर पर फिराया–
हे बकरी कुल गौरव,
आयुष्मान भव!
चिरायु भव!
दीर्घायु भव!
कर कलरव!
हो उत्सव!
साबुत रहें तेरे सब अवयव।
आशीष देता ये पशु-पुंगव-शेर,
कि अब नहीं होगा कोई अंधेर।
उछलो, कूदो, नाचो
और जियो हंसते-हंसते
अच्छा बकरी मैया नमस्ते!
इतना कहकर शेर
कर गया प्रस्थान,

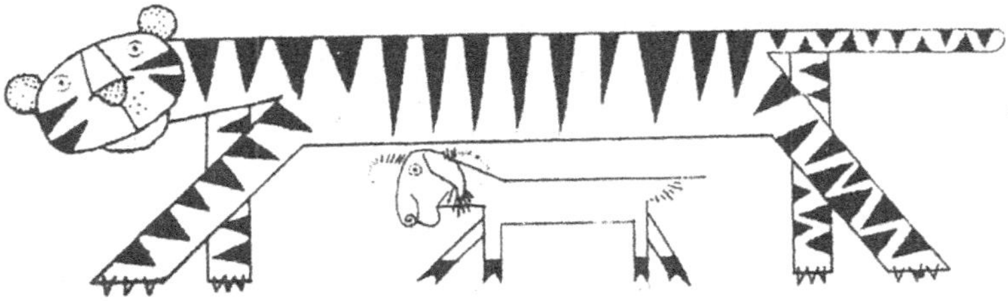

बकरी हैरान–

बेटा ताज़्ज़ुब है,
भला ये शेर किसी पर
रहम खाने वाला है,
लगता है जंगल में
चुनाव आने वाला है।

□

पानी से निकलकर
मगरमच्छ किनारे पर आया,
इशारे से उसने
बंदर को बुलाया।
बंदर गुर्राया–

खों खों
क्यों,
तुम्हारी नज़र में तो
मेरा कलेजा है?

मगरमच्छ बोला –

ना ना ना ना
ना भैया
तुम्हारी भाभी ने
ख़ास तुम्हारे लिए
सिंघाड़े का
अचार भेजा है।

बंदर ने सोचा
ये क्या घोटाला है,

लगता है जंगल में
चुनाव आने वाला है।
लेकिन बोला –
वाह!
अचार, वो भी सिंघाड़े का,
यानी नदी के कबाड़े का!
बड़ी ही दयावान
तुम्हारी मादा है,
लगता है शेर के ख़िलाफ़
चुनाव लड़ने का इरादा है।

– कैसे जाना, कैसे जाना?

– ऐसे जाना, ऐसे जाना
कि आजकल
भ्रष्टाचार की नदी में
नहाने के बाद
जिसकी भी छवि स्वच्छ है,
वही मगरमच्छ है।

□

शेर ने कुएं में झांका,
वहां पहले से बैठा था
एक शेर बांका।
ऊपर वाले शेर ने दहाड़ लगाई,
प्रतिध्वनि नीचे से आई–
मत समझना मुझे

अपनी परछाईं।
बहुत देर पहले का
आया हुआ हूं,
तुम्हारी महत्वाकांक्षाओं का
सताया हुआ हूं।
बाहर निकलूंगा
दहाड़ूंगा
और ऐंठ जाऊंगा,
पांच करोड़ दिलवाओगे तो
फिर से
पानी में बैठ जाऊंगा।

□

थोड़ी देर बाद
एक रोटी का बंटवारा कराने
आईं दो बिल्ली,
बंदर ने बिल्कुल नहीं उड़ाई
उनकी खिल्ली।
बड़ी गंभीरता से
अपना झोला खोला,
और ठीक वैसी ही
एक रोटी निकालते हुए बोला –
अरे !
किस बात की लड़ाई है,
दोनों एक–एक
साबुत रोटी खाओ न

और लो
ऊपर से मलाई है।

बिल्लियां हैरान,
दोनों के
खड़े हो गए चारों कान –
ये क्या गड़बड़झाला है,
लगता है जंगल में
चुनाव आने वाला है।

पास में बैठा
दूसरा बंदर बोला –
देखिए,
ठीक पहचाना है,
और आपको एक
रहस्य बतलाना है
कि जो असंभव था
ऊ संभव हो गया है,
भेड़िया दल (भ)
गीदड़ दल (ग)
तेंदुआ दल (तूं)
और घोंदुआ दल (पूं) का
हमरे बानर दल में
बिलय हो गया है।
जंगल का रजनीती में
जितना भी अनाथ है,
ऊ सब हमरे साथ है।
अब त इस जाइंट मोर्चा को

जिताना है,
जंगल से आतंकवा को मिटाना है।
देखिए, आप हमरा पड़ौसी हैं,
और असल बात ई
कि सेर का मौसी हैं।
जितना भोट दिलवाएंगी,
उतना चूहा पाएंगी!

□

एक चुहिया
दौड़ी-दौड़ी बिल में आई,
चूहों के सामने चिल्लाई –
ऊपर दो बिल्लियां
बातें कर रही हैं,
रामनामी ओढ़कर
सबसे मुलाक़ातें कर रही हैं।
सारे नाख़ून
कटाकर आई हैं,
पड़ोस के चूहों को
पटाकर आई हैं।
कहती हैं–
हमारी अनऔथराइज़्ड
चूहा कॉलोनी नंबर दो को भी
पास कर दिया जाएगा,
बिजली पानी का
इंतज़ाम भी
ख़ास कर दिया जाएगा।

एक बुज़ुर्ग चूहा बोला –
        चुप रहो,
        उनकी बातों में मत बहो।
        अपना तो इस बिल के
        अंधेरे में ही उजाला है,
        पर लगता है जंगल में
        चुनाव आने वाला है।

□

एक ओर भौंक-भौंक
परेशान श्वान थे,
एक दूसरे के
खींच रहे कान थे।

चिड़िया बोली –
        इनमें से कुछ तो
        वाकई दुष्ट हैं,
        टिकिट नहीं मिला है न
        इसलिए असंतुष्ट हैं।

□

तो जंगल में थे
तरह तरह के
नारे और वादे,
पंजों में
नाख़ूनों में

छिपे हुए ख़ूंख़ार इरादे।

चूहों से कहा गया
चील नहीं होगी,
चील से कहा गया
चूहा सप्लाई में
ढील नहीं होगी।

भालुओं से कहा गया
सारे मधुमक्खी छत्तों पर
आपका रिज़र्वेशन होगा,
मधुमक्खियों से कहा गया
भालुओं से तुम्हारा
प्रोटैक्शन होगा।

हिरनों से कहा गया
जंगल के जीवन में
अहर्निश सवेरा होगा,
और हम जैसे
उल्लुओं से कहा गया
अजी, दिन में भी अंधेरा होगा।

□

इधर झूमता हुआ उन्माद में,
शेर आया अपनी मांद में।
बोला —
ओ, पूरा जंगल घेरनी

मेरी स्वीट-हार्ट शेरनी
आइ लव यू
ईलू ईलू!

शेरनी बोली–
डार्लिंग!
आइ लव यू टू
ईलू ईलू!
लेकिन आज लग रहे हो
ढीलू ढीलू!!

शेर बोला –
ऐसा!
ढीलू ढीलू!!
तो ला थोड़ी-सी
विस्की पी लूं।

शेरनी बोली –
विस्की तो ज़रूर पिलाऊंगी,
उसमें
बरफ़ और
सोडा भी मिलाऊंगी,
पर मुझे भी तो
कुछ दिला दो,
एक ताज़ा मुलायम सा
ख़रगोश खिला दो।
सिंहनी के कान में हुआ
फुसफुसाहट का सिंहनाद–

ख़रगोश तो खिलाऊंगा डार्लिंग
पर चुनावों के बाद।

□

ये बेचारे
छोटे-छोटे जानवर
चूहा, ख़रगोश, गिलहरी,
निरीह हिरन, भेड़, बकरी,
ये नहीं जानते हैं कि
शेर हो गया तेंदुआ
भगर्रा हो गया भेड़िया
ये सारे के सारे
वनैले हिंस्र पशु
आग से डरते हैं,
कैसे भी गब्बर या बब्बर
क्यों न हों
आग का सामना नहीं करते हैं।

जिस दिन भी
जंगल की जनता में
आग की चेतना वाली
एक भी मशाल आ जाएगी,
सच कहता हूं
उस दिन से जंगल की
निज़ामत बदल जाएगी।

परदादारी

हरेक दिल में महकती कोई फुलवारी है
हरेक दिल में सुलगती कोई चिंगारी है
हरेक दिल में चहकती कोई किलकारी है
हरेक दिल में अदाएं हैं, अदाकारी है
हरेक दिल में क़रारों की बेक़रारी है
हरेक दिल में सुर है, लय है, चित्रकारी है
हरेक दिल में सुनो थोड़ी सी मक्कारी है
दिल में सब कुछ है मगर कैसी मज़ेदारी है
सामने खुल के कभी कोई नहीं आता है
कोई तो बात है कि जिसकी परदादारी है।

पूंछ और मूंछ

एक के पास मूंछ थी
एक के पास पूंछ थी,
मूंछ वाले को कोई
पूछता नहीं था
पूंछ वाले की पूछ थी।

मूंछ वाले के पास
तनी हुई मूंछ का सवाल था
पूंछ वाले के पास
झुकी हुई पूंछ का जवाब था।

पूंछ की
दो दिशाएं नहीं होती हैं
या तो भयभीत होकर
दुबकेगी
या मुहब्बत में हिलेगी,
मारेगी या मरेगी
पर एक वक़्त में
एक ही काम करेगी।
मूंछें क्यों अशक्त हैं,
क्योंकि दो दिशाओं में
विभक्त है।

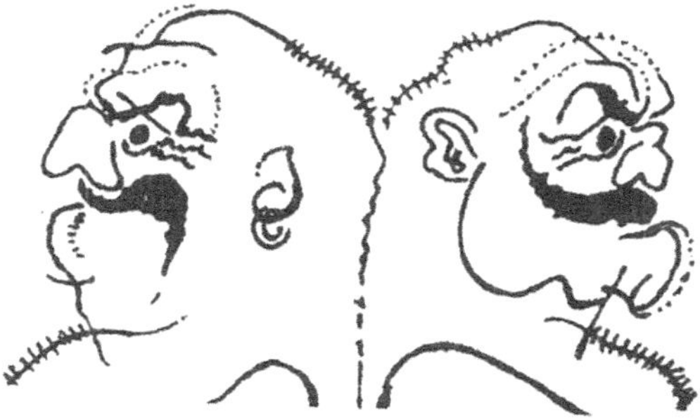

एक झुकी मूंछ वाला
झुकी पूंछ वाले से बोला –
यार,
मैं ज़िंदगी में
उठ नहीं पा रहा हूं।

पूंछ वाला बोला –
बिलकुल नहीं उठ पाओगे
कारण एक मिनट में
समझ जाओगे।
बताता हूं,
तुम बिना हाथ लगाए
अपनी मूंछ उठाकर दिखाओ
मैं अपनी पूंछ उठाकर दिखाता हूं।

जो उठा सकता है
वही उठ सकता है,
इसीलिए पूंछ वालों की सत्ता है।

राजकुमार का काला चश्मा

राजकुमार
अपना काला चश्मा
तब नहीं लगाता
जब धूप का उजाला हो,
तब नहीं लगाता
जब किरणों में ज्वाला हो,
तब नहीं लगाता
जब मौसम की मार हो,
तब नहीं लगाता
जब धूल का ग़ुबार हो।
इनसे तो वो
अपने चश्मे को बचाता है,
ख़ास-ख़ास मौकों पर ही
चश्मा लगाता है।

वह शंका के
लघु-दीर्घ अवसरों पर
काला चश्मा लगाता है,
टूटे दरवाज़े वाले
ग़ुसलख़ाने में
काला चश्मा लगाकर ही
नहाता है।

बाल कढ़ते समय –
काला चश्मा!
पुस्तक पढ़ते समय –
काला चश्मा!
अंधी गली आते ही
काला चश्मा लगाएगा,
घर की बिजली जाते ही
काला चश्मा लगाएगा।

भिखारी को
भीख या सीख
कुछ नहीं देता है,
बस,
काला चश्मा लगा लेता है।

कल भैया के नाश्ते में
दही था,
उसकी प्लेट में नहीं था।
भैया कमाता है
चार पैसे लाता है,
नाश्ता तो करता है राजकुमार
पर करने से पहले
काला चश्मा लगाता है।

ख़र्चा बहुत ज़्यादा है
कुछ काम-धंधा भी करोगे?

पिता बोले –

या सिर्फ़
आवारागर्दी का इरादा है ?

राजकुमार जेब में
चश्मा टटोलता है रह-रह,
नौकरी की जगह
टके से जवाब की तरह।

रास्ते में
मंदिर मस्जिद या
गुरुद्वारा आता है
वह तीनों जगह
सिर झुकाता है,
पर झुकाने से पहले
काला चश्मा लगाता है।

फिर वह
चश्मा लगाए लगाए ही
देखता है सिनेमा,
माधुरी, श्रीदेवी, रेखा या हेमा।

प्लीज़,
डा० नामवर सिंह जी,
प्लीज़,
बताइए कि आख़िर ये
काला चश्मा
है कौन सी चीज़ ?
उसकी अस्मिता है या आत्म-निर्वासन

उसका विद्रोह है या पलायन ?
जीवन संगीत का रतौंधी अंग है
या दिन के उजाले से
उसका मोह भंग है ?

दरअसल, काला चश्मा
उसकी शर्म-निरपेक्षता है,
वह बेशर्म ज़िंदगी को
अपनी शर्म के साथ देखता है।

आप ग़लत न समझें कहीं,
वह शर्म में निरपेक्ष है
शर्म से नहीं।

आज बहुत बेचैन है राजकुमार
क्योंकि अभी अभी
उसे छद्म शर्म-निरपेक्ष बताकर
एक धिक्कार सेवक
उसका काला चश्मा तोड़ गया,
और ढेर सारे सवालों के
खौलते तालाब में
उसे नंगी आंख छोड़ गया।

दानसिंह दूधिया

दानसिंह दूधिया
पीठ पर ढोता था
दूध का ड्रम,
उसको एक दिन
सलाह दे बैठे हम –
भाई दानसिंह दूधिए।
आप एक साइकिल ख़रीदिए।

अजीब था
दानसिंह का उत्तर–
साइकिल क्यों खरीदूं पुत्तर?
इसतै एक भैंसा ना खरीदूं,
ग्राहकां नै
जादा दूध–घी दूं।

हमने कहा –
आपका जवाब चुस्त है,
और कहना भी दुरुस्त है।
लेकिन क्या भैंस
अपनी पीठ पर
दूध का पीपा धरने देगी?

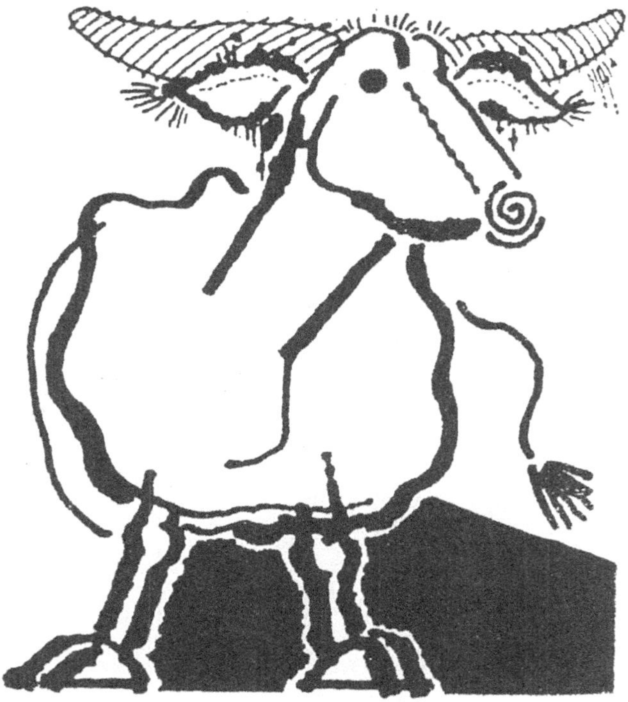

– ठीक है
भाया ठीक है,
बात तेरी सटीक है!
ना धरण देग्गी।
पर मैं ये बूज्झूं सूं
अक साइकिल क्या
सुबह–सुबह
दूध दुहण देग्गी ?

उत्तर एक

वे बोले–
    यदि आपका जाग्रत विवेक है,
    तो कौन कह सकता है कि
    हर प्रश्न का उत्तर एक है?

    एक और एक
    दो होता है
    सामान्य नर–नारियों के लिए,
    एक और एक
    तीन होता है
    व्यापारियों के लिए,
    एक और एक
    ग्यारह होता है
    सिद्धहस्तों के लिए,
    लेकिन
    एक और एक
    सिर्फ़ एक होता है
    इश्कपरस्तों के लिए।

हमने कहा –
    आप छोंकते रहिए अपना विवेक
    खोपड़ी की कढ़ाई में,

अर्थों की चिरौंजी डालते रहिए
शब्दों की मलाई में,
पर हमारी तो
इश्कपरस्तों वाली टेक है
कि हर प्रश्न का
उत्तर एक है–
प्रेम, सद्भाव और भाईचारा,
जिसके बलबूते
हम कहते हैं–
सारे जहां से अच्छा
हिन्दोस्तां हमारा।

अस्पतालम् खंड-खंड काव्य

हुआ यों कि
खोपड़ी में निकल आई एक फुंसी,
मस्तिष्क में लगने लगी घुन सी।

कविवर आदित्य बोले–
अशोक भोले!
खोपड़ी में ज्यों हथौड़ी,
फुंसी ये बनेगी फोड़ी,
साइज़ बढ़ेगा तुम नापते ही रहना।
ब्रह्मरंध्र की समस्त
शिरा झनझना जाएंगी
फूटेगा जो फोड़ा तुम कांपते ही रहना।
सारी कविताएं बाहर
आ जाएंगी फूटने से,
कुछ न बचेगा औ' विलापते ही रहना,
कविसम्मेलनों में
जाएंगे सारे ही कवि
और तुम प्यारेलाल टापते ही रहना।

तो साब!
जेब में डाली थोड़ी सी करैंसी
और पहुंच गए अस्पताल की इमरजैंसी।

फुंसी देखते ही डॉक्टर हंसे,
बोले–
औशोक जी खूब फौंसे!
फुंसी, ओ भी चुनमुन-सी!!
एतना घौबरा गए,
एं, सीधे इमरजैंसिया में आ गए।
चौलिए, हम डाक्टर हूं
पर एक कौबिता सुनिए।

मैंने कहा–
मैं तो फुंसी दिखाने आया हूं।

वे बोले–
हम भी त कौबिता में
ए ही न बताया हूं।
रोगी होगा पहला कौबी. . . .
इंटर में प्रसाद पंत न पढ़े थे,
ऊ सब हमरी जबान पर चढ़े थे।
त हम कहे हैं–
रोगी होगा पहला कौबी
आह से उपजी होगी गान,
फूटकर फोड़िया से चोपचाप
बहा होगा कौबिता औनजान।
मौजा आया?
हम अब्बी तौत्काल बनाया।
यू नो, औशोक जी!
फुंसी इज़ नाट ए मैटर ऑफ़ अजैंसी,
ए है हस्पताल का एमरजैंसी।

इधर सिरियस मरीज ही आते हैं,
जो चिखते, चिल्लाते डौकराते हैं।
बुक्का फाड़-फाड़ रोते हैं
छोटा-मोटा केस त
रजिस्टर नहीं न होते हैं।
फुड़िया, फुंसी, मवाद
ख़ाज, खुजली, दाद
इसका ओ॰ पी॰ डी॰
आज हो चुका आलरैडी।
मंगल को होगा दुबारा,
टाइम नौ से बारा।
इंचार्ज हैं– डॉ॰ सरदाना,
उसकू दिखाना।
चाहें तो हमरा रैफ़रैंस देना,
हमरा नाम है–
डॉक्टर क्षीरसागर लाल बहादुर प्रसाद सिंह सक्सेना।

अब सुनिए मंगलवार का फ़साना
मिल तो गए डॉ॰ सरदाना
लेकिन जैसे ही दिया
डॉ॰ सक्सेना का हवाला,
उनके नेत्रों से बरसने लगी ज्वाला–
कौन सक्सेना?

नर्स बोली–
सीनियर डॉक्टर के आगे
जूनियर डॉक्टर का नाम
कब्बी नईं लेना।

डॉक्टर ने फुंसी के
आयतन और क्षेत्रफल टटोले,
और खुंदक में बोले–
        मिर्ची ज़्यादा खाते हो ?

    – जी खाता हूं।

    – ये चश्मा कितनी देर लगाते हो ?

    – जी सोते वक़्त भी लगाता हूं।
    सपने साफ़ नज़र आते हैं।

    – सिर में चक्कर आते हैं ?

    – जी अक्सर आते हैं।
    जब–जब पढ़ता हूं
    अपहरण की ख़बरें
    निर्दोष लोगों के मरण की ख़बरें,
    देखता हूं
    भूख, बेरोज़गारी और
    ग़रीबी के नज़ारे
    और इस कमरतोड़ महंगाई के मारे
    दर–दर ठोकर खाती
    बिलखती ज़िंदगी,
    हत्याएं, लूटपाट, दरिंदगी,
    और इन सबके ऊपर
    राजनीतिज्ञों की गंदगी,
    डॉक्टर साहब,

चक्कर आते हैं,
ख़ूब ज़ोर के चक्कर आते हैं।

डॉक्टर बोले
हूंह,
कभी आंखों के आगे
अंधेरा-सा होता है?

मैंने कहा –
होता है,
बिल्कुल होता है डॉ० सरदाना,
आपने ठीक पहचाना।
जब-जब देखता हूं मज़हबी जुनून
सड़कों पर बहता हुआ
लाल-लाल ख़ून
हर तरफ़ सुलगती हुई
धर्म की आंच
उग्रवादी लोगों की
हिंसा का नाच
भारत को लपेटे हुए
आफ़तों का घेरा
आंखों के आगे
छा जाता है अंधेरा।

– अच्छा, पेट के कीड़े हैं?

– पेट का नहीं मालूम
पर दिमाग़ में तो हैं।

वे बोले–
यही तो हम कहें।
प्रॉब्लम दिमाग़ में है।
डरमौयड्सिस्ट इन्फ़ैक्टेड
मे बी डायबिटीज़ सलैक्टेड
फ़ौरन एक्सरे कराओ,
अच्छा,
ज़रा इधर दिखाओ।
सिर में बन सकता है ट्यूमर!

हमने कहा –
हक़ीक़त या ह्यूमर?

वे बोले –
ये तो नसीब हैं तुम्हारे।
टैस्ट कराने होंगे सारे
पहले एक्स रे, ब्लड, यूरीन
बेरियम मील
बायौप्सी के लिए फुंसी की कील
बाद में अल्ट्रासाउंड और कैटस्कैन,
हां, स्टूल टैस्ट भी होगा जैंटिलमैन!

हमने कहा –
स्टूल पर बैठै हैं
एक टैस्ट तो यहीं कर लीजिए!

वे नर्स से बोले –
इनकी तरफ़ ग़ौर कीजिए।

इन्हें स्टूल टैस्ट के लिए
ज़रूर बुलाएंगे,
पहले अपने स्टूल में
छेद कराएंगे।
नर्स, इन्हें ले जाओ,
नैक्स्ट को बुलाओ।

तो नर्स हमें कोने में ले गई
प्यार से,
उसने सब कुछ समझा दिया
विस्तार से।
हम अहसानमंद हो गए
उधर टैस्ट वाले सारे विभाग
ग्यारह बजे ही बंद हो गए।

अगले दिन इधर से उधर भगे,
कितनी ही लाइनों में लगे।
एक टैस्ट यहां
तो दूसरा फ़ोर्थ फ़्लोर पर,
एक्सरे विभाग
अस्पताल के आख़िरी छोर पर।

लाइन लगाओ, लाइन लगाओ
लाइन लगेगी।
एक्सरे नहीं होगा सिर्फ़ डेट मिलेगी।

चलिए डेट भी पाई
हफ़्ते भर बाद पहुंचे तो

मशीन ख़राब बताई।
अगली बार पता लगा
फ़िल्म ख़तम,
अब क्या कर लेंगे आप
क्या कर लेंगे हम!
लैब में पूछा –
    रिपोर्ट कहां हैं?
उत्तर मिला –
    यहां हैं, पर तुमकू नईं मिल पाएंगी,
    सीद्दा ओ॰पी॰डी॰ जाएगी।

ओ॰पी॰डी॰ कहती है –
    रिपोर्ट आई नहीं!
लैब कहती है–
    यहां से गई!!

चलो वापस ओ॰पी॰डी॰ जाएं
ओ॰पी॰डी॰ में क्लर्क बोला –
    कितनी बार समझाएं?
    रिपोर्ट यहां नहीं आई
    नहीं आई बाबा,
    मैंने तुम्हारा कोई कागज़ नहीं दाबा।

हमने कहा –
    लैब तो कहती है. . .

  – लैब तो कहती है. . . .
    अरे लैब जो कहती है

आप उसी पर अड़े हैं,
फिर लैब में जाइए
यहां क्यों खड़े हैं ?

अगले मंगल को डॉ॰ सरदाना
कहने लगे –
न्यूरोलॉजी में जाना।
केस ट्रांसफ़र हो गया है तुम्हारा,
न्यूरो सर्जन हैं डॉ॰ हज़ारा।
रिपोर्ट्स भी वहीं है।

डॉ॰ हज़ारा बोले –
अशोक जी
रिपोर्ट्स में कुछ नहीं है।
मज़े से वापस जाइए
और टी॰वी॰ पर
अच्छे-अच्छे कार्यक्रम दिखाइए।
लेकिन बाय द वे
ये टैस्ट कहां कराए थे ?

हमने कहा –
यूरीन स्टूल तो
यहीं अस्पताल लाए थे।

वे बोले –
ओह !
छोड़ दीजिए पैसों का मोह।
यहां की रिपोर्ट्स पर मुझे

कॉन्फ़ीडैंस नहीं है,
हमारी लैब के लिए
पानी–यूरीन में
कोई डिफ़रैंस नहीं है।
खर्चा तो होगा,
लेकिन टैस्ट बाहर कराएंगे
तभी डायग्नोस होगा।
चलिए दूसरा रास्ता बताते हैं,
फुंसी की बायौप्सी कराते हैं।
इट्स अ बैटर वे ऑफ़ इन्वैस्टीगेशन,
तो फ़्राइडे को होगा आपका ऑपरेशन।

फ़्राइडे को
छुट्टी पर चले गए डॉ॰ हज़ारा,
किसी और को ही करना था
ऑपरेशन हमारा।
नए डॉक्टर
हमें नहीं पहचानते थे,
हमें क्या,
निराला से नीरज तक
किसी को नहीं जानते थे।
हमने सोचा –
भले ही किसी को नहीं जानते होंगे,
पर टी॰ वी॰ देखते होंगे तो
हमें ज़रूर पहचानते होंगे।
पर क्या बताएं अपनी बदनसीबी,
जब पूछा –
सर आप देखते हैं टी॰वी॰ ?

उत्तर मिला –
        सिर्फ़ न्यूज़!

हम हो गए फ़्यूज।
बेकार हो गया 'कहकहे' में आना
बेकार गया मार्निंग ट्रांसमीशन चलाना।
अब काहे के कविसम्मेलन
काहे का संचालन
काहे की 'भोर तंरग'
काहे की 'रंग तरंग'
काहे का 'अपना उत्सव'
काहे का 'भारत महोत्सव'
व्यर्थ गए सबके सब,
ये हमारे फोड़े पर चलाएंगे आरी,
फोड़े से पहले ही फूट गई
क़िस्मत हमारी।

रूह सकपकाई
तभी आवाज़ आई–
        लोकल ऐनैस्थीसिया दें
        या जनरल लगाएं?

अब भला हम कैसे बताएं –
        ये तो आपकी प्रॉब्लम है!

वे बोले–
        दरअसल, जनरल के लिए
        ऑक्सीजन कम है।

चलो काम को आगे बढ़ाते हैं
आधा जनरल आधा लोकल लगाते हैं।

हमने फोड़ा थामा,
अजीब है ड्रामा।
आधा जनरल, आधा लोकल
आधा मौन, आधा वोकल
आधा धुंधला, आधा फ़ोकल
आधा सुन्न, आधा सन्नाटा,
जैसे बिना आवाज़ का चांटा।

डॉक्टर नया है
हम भांप रहे थे,
क्योंकि हाथ में औज़ार कांप रहे थे।
आत्मा हो गई अधीरा
लगने ही वाला था चीरा
कि अचानक
भाग्य खुल गए हमारे,
ऑपरेशन थिएटर में
एक प्रोफेसर पधारे।
सौम्य मुख,
ममतामयी शांत छवि,
ख़ुश हो गया कवि।
दुग्ध-धवल वस्त्रों में
गोया करुणा का, दया का
साक्षात् पुतला हो,
ये चीरा लगाएं
तो कितना भला हो।

फोड़े पर उन्होंने
स्नेह से हाथ फेरा
लगा जैसे छंट गया अंधेरा।
पहने दस्ताने,
तो हम लगे हर्षाने।
अब कुछ नहीं होगा नाजायज़,
तभी वे ज़ोर से बोले –
    कमॉन बॉयज़!

आंखें खोलते ही बढ़ गई टीस,
क्योंकि अगले ही क्षण
पलंग के चारों ओर
कम से कम बीस
मैडीकल छात्र थे,
हम उनके प्रयोगों के
इकलौते पात्र थे।

प्रोफ़ेसर बोले–
    लिसिन डीयर!
    एक्सरे इज़ नॉट वैरी क्लीयर।
    तुमको पता लगाना है
    और बारी-बारी से बताना है–
    कि फोड़े में क्या है ?
    केस बिलकुल नया है।

किसी ने सहला कर देखा
किसी ने टटोल कर,
किसी ने मसक कर देखा

किसी ने तोल कर।
सबके सब फोड़े को
तरह-तरह से दबाएं,
अपनी हालत
हम कैसे बताएं!
खोपड़ी में बज रहे थे
पीड़ा के नगाड़े,
हम अंदर ही अंदर दहाड़े।
पर वाह रे आधा लोकल
आधा जनरल ऐनैस्थीसिया,
किसी ने अंदर की दहाड़ पर
ध्यान ही नहीं दिया।
दर्द हम सह नहीं पा रहे थे,
पर मज़ा ये कि
कुछ कह नहीं पा रहे थे।

एक बोला –
सर, इसमें पानी है।
दूसरा बोला –
पस है।
तीसरा बोला –
कैंसर है।
चौथा बोला –
टिटनस है।

प्रोफ़ेसर बोले–
फ़ालतू की बहस है।
ये क्या है,

ये जानने के लिए हम थोड़ा वेट करेंगे,
कमौन, इसे ऑपरेट करेंगे।
ए बॉय, तुम्हारा ध्यान किधर है?

सहमते हुए लड़का बोला –
सर,
ये आदमी अशोक चक्रधर है।
कविताएं सुनाता है,
टी॰ वी॰ पर आता है।

प्रोफ़ेसर ने लगाई डांट –
सो व्हाट, सो व्हाट।
क्या फ़र्क़ पड़ता है कि
ये आदमी है, कवि है
मेंढक है या कीड़ा-मकोड़ा है,
हमारे लिए तो सिर्फ़ एक फोड़ा है।

अब पता नहीं
किसने औज़ारों की ट्राली खैंची,
किसने चलाई कैंची।
किसने फेरा चाकू
एक अकेली जान
और इतने हलाकू।
कहां हो डॉ॰ हज़ारा
इन कसाइयों ने मारा।

प्रोफ़ेसर कह रहे थे –
जो भी रिपोर्ट जल्दी लाएगा,

स्पेशल मार्क्स पाएगा।
स्टिचिंग कर देना....

कहकर चले गए,
हमने सोचा भले गए।
चलो पीड़ाओं का अंत हुआ,
लेकिन सिलसिला अनंत हुआ।

एक छात्र बोला –
स्टिच कर दे,
दूसरा बोला –
गॉज भर दे,
तीसरा बोला –
मैं क्यों भरूं तू भर,
चौथा बोला –
जा साले मर!
पांचवा बोला –
आई कांट वेट,
छठा बोला –
मेरी है कन्या के साथ डेट।
सातवां बोला –
मुझे तो नहाना है,
आठवां बोला –
मुझे पिक्चर जाना है।
नवां बोला –
साले, बहाना बनाता है,
दसवां बोला –
बाई गॉड

मुझे स्टिच करना ही नहीं आता है।

ग्यारहवां बोला –

मैं तो लैब जाऊंगा,

बारहवां बोला –

मैं क्या कम नंबर लाऊंगा ?

तेरहवां बोला –

कर दे, कर दे

वरना इसकी तेरहवीं हो जाएगी,

अगला बोला –

तो कौन सी

आफ़त आ जाएगी ?

अच्छा है, हास्य कवि को देखने

हास्य कवि आएंगे,

इसकी मौत पर

हास्य कविताएं सुनाएंगे।

एक बोला –

साला कोई नहीं आएगा,

न कोई कविताएं सुनाएगा।

सब साले एक दूसरे से

जलते हैं,

हम तो चलते हैं।

एक के पीछे एक छात्र दौड़ा,

खुला का खुला रह गया फोड़ा।

दर्द-फ़ुल वौल्यूम में,

लाए गए रिकवरी रूम में।

छटपटाएं और बड़बड़ाएं –
हाय कविता कविता
कविताएं निकल गईं,
ढक्कन तो लगा दो!

एक नर्स दूसरी से बोली–
इसे होश आ गया है
जगा दो।
लेकिन कविता कविता
क्या बोलता है रोगी?

दूसरी हंसी–
इसकी गर्ल फ़्रेंड होगी. . . .
ए मैन! उट्ठो
यहां दूसरा पेशैंट आइंगा,
तुमारा सात कौन है
कइसे जाइंगा?

हमने कहा –
घाव तो भर दो!

पहली बोली–
नहीं, छुट्टी कर दो।

दूसरी समझाए–
इतना बरा डॉक्टर
उसने तुमारा फोरा
अगर खुला छोरा

तो भाई, इसमें भलाई!
उट्ठो-उट्ठो।

सहारा देकर ज़बर्दस्ती उठाया,
और बाहर का रास्ता दिखाया।
बाहर आकर रह नहीं पाए खड़े
कटे पेड़ की तरह गिर पड़े।
ओ3म् भूर्भुवः स्वाहा. . . .
हम जिस पर गिरे,
अब वो कराहा –
तुमसे पहले यहां डाला गया हूं,
रिकवरी रूम से निकाला गया हूं।

मंगल का दिन बड़ा अमंगल था,
हर तरफ़ कराहों का जंगल था।
लॉन में मरीज़ ही मरीज़ थे,
हम भी अजीब चीज़ थे।
जहां बैठे, वहीं पर लेटी थी एक लाश,
साथ में एक आदमी था हताश।
पूछा –
ये मर गया,
तुम रो नहीं रहे?

उत्तर मिला –
कोई क्या कहे!
हमारे सारे आंसू ख़त्म हो चुके हैं,
अस्पताल की हालत पर
हम पहले ही बहुत रो चुके हैं।

अचानक घंटियां-सी बजीं
मुर्दे के शरीर में,
संस्कृत सुनाई पड़ी
उसकी तक़रीर में –
अस्पतालं अति विशालं विचित्र हालं पायेभ्य हम
लंब क्यूयं, दृश्य न्यूयं, अभिमन्यूयं बनायेभ्य हम
धक्कमुक्कं, हक्कबक्कं, सर्व दुक्खं पायेभ्य हम
अस्पतालं, अतिमलालं, अंतकालं पछतायेभ्य हम
ओ3म् नमो नमः!
मैं मरा भी कहां!

इतना कहकर मुर्दा मौन हो गया,
स्वर्ग में गो वैंट गौन हो गया।
तभी पता लगा
मुआइने के लिए मंत्री जी आ रहे हैं,
ज़िंदे-मुर्दे सब हटाए जा रहे हैं।
हम भी लड़खड़ाते हुए भगे,
एक डिस्पैंसरी पर जाकर लगे।
निवेदन किया –
भैया अहसान कर दो,
भयंकर पीड़ा है
घाव तो भर दो।

कंपाउंडर झल्लाया –
तुम जैसे लोग तो
बेमौत मरते हैं,
मुफ़्त में
अस्पताल को बदनाम करते हैं।

पहले नहीं दिखाते हैं,
हालत जब बिल्कुल बिगड़ जाती है
तब आते हैं।
जाओ जाओ।
कहीं और दिखाओ।

दर्द के मारे अटकी हुई जान थी,
पास में ही दवाइयों की दुकान थी।
दर्द की एक गोली ख़रीदी,
आंखें होने लगीं उनींदी।
खोपड़ी में चक्कर आएं,
मन हुआ यहीं पर पसर जाएं।
पर लेटने का कहां ठिकाना था,
मंत्री जी को भी
आज ही आना था।

अचानक एक वार्ड-बॉय आया
कान में फुसफुसाया –
लेटोगे ?

हमने कहा –
लेटेंगे ?

बोला –
दस रुपए घंटे लगेंगे।

हमने कहा –
देंगे।

फिर पता नहीं किसे पटककर
वो एक स्ट्रेचर लाया,
हमें गाड़ी पर चढ़ाया।
नाक में रुई लगाई,
ऊपर से सफ़ेद चादर उढ़ाई।
इधर-उधर देखा मौक़ा,
और गाड़ी को सीधे
मौरचुरी (मुर्दाघर) रोका।

अंदर जाकर एक ड्रॉर खोला
और बोला –
आराम से लेट जाओ
मुर्दाघर एअरकंडीशंड है,
देखो यहां कैसी प्यारी-प्यारी ठंड है!
यहां हर दड़बे में
एक-एक डैड-बॉडी बंद है,
डिस्टरबैंस नईं,
आनंद-ही-आनंद है।

यहां बड़ी राहत मिली
बाहर तो आफ़त मिली।
कैसी तरावट, कैसी शांति
कितना सुकून है,
दर्द भी थोड़ा न्यून है।
तभी बग़ल में कोई कराहा,
उठकर देखना चाहा।
घिग्घी बंध गई–
क्या मुर्दे बोल रहे हैं?

उत्तर मिला –

हम दड़बा खोल रहे है।

हमने पूछा –

ज़िंदा हैं या मुरदा !
और अगर ज़िंदा हैं
तो यहां किसलिए हैं ?

उत्तर मिला –

हमने भी दस रुपए घंटे दिए हैं।

तभी डॉक्टर क्षीरसागर लाल बहादुर प्रसाद सिंह सक्सेना
मुर्दाघर में घुसे,
कोट उतारा, अंगड़ाई ली
और हौले-हौले हंसे।

एक ड्रॉर खोली और सो गए,
देखकर हम धन्य हो गए –
वाह रे अस्पताल तुझे नमन है
तू तो चैन का चमन है।
मौत को गुलिस्तान है,
सर्वश्रेष्ठ स्थान है,
और हमारा देश
सचमुच महान है,
जहां मुर्दे तो चैन से
एअरकंडीशंड रूम में सो रहे हैं
और करोड़ों लोग
अपनी ज़िंदगी
सलीब की तरह ढो रहे हैं।

अलबत्ता

ज़िंदगी के रण में,
और इक्कीसवीं सदी के
अंतिम चरण में,
अपनी तो गर्दन हिलने लगेगी
ज़िंदगी बेंत के सहारे
चलने लगेगी।
कैसे भी हों
उस ज़माने के
कवि और शायर
अलबत्ता
हम तो हो जाएंगे रिटायर।

भविष्य में आस्था है
इसलिए इतना तो बताएंगे,
कि उस ज़माने के हास्य-कवि
मोटी बीवी
काली पत्नी
साली, घरवाली
या औरत के अपमान को
कविता का विषय नहीं बनाएंगे।

हॉटलाइन पर

– हलो, समझ गया न?

– हां, समझ गया।

– क्या समझा?

– वही जो तू बोला था हीरो!

– ओह पी॰के॰
यार डौंट कॉल मी हीरो।
यू नो
आय एम एन इंटरनेशनल
फ़ोर टू ज़ीरो।

– अच्छा तो तू अपने आपको
फ़ोर ट्वैंटी मानता?

– मेरे मानने से क्या है
इसे तो बच्चा-बच्चा जानता।
पी॰के॰ डू यू रियलाइज़ कि
मेरे जितने काम हैं न
उनसे ज़्यादा मेरे फ़ेस हैं,

– पी॰ के॰
किसी के सूट फ़ाइल करने
या कोर्ट केस करने से
मेरा क्या बिगड़ता है रे
मेरे पास तो सूटकेस हैं।

– हलो,
ये फ़ोन पे
तालियों की आवाज़
कहां से आ रही है?

– कुछ नहीं
पड़ोस के हॉल से
कविता सुनाई जा रही है।
ख़ैर छोड़
बैंक ऑफ़ पूना को
जो चूना लगाया,
उसका कितना माल
स्विस खाते में आया?

– वो तो सब
कंप्यूटर में फ़ीड है
पर ये बता
चेयरमैन को कैसे पटाया?

– पी॰ के॰ इस हुनर में
कोई नहीं कर सकता
मेरी बरोबरी,

बेटा!
रौब से होती है रौबरी।
तू जानता है
आजकल
बैंक डकैती की छानबीन
बड़ी देरी से होती है,
क्योंकि डकैती
पिस्तौल बंदूक से नहीं
कलम की हेराफेरी से होती है।
देख, हमने दिया।

— हुं।

— उन्होंने लिया।

— हूं।

— फिर उन्होंने दिया
राइट
और हमने लिया
ओ॰के॰
सो सारा खेल है ब्रेन का,
लेन देन का।
ये तो भैया
बीच की
म्यूचुअल अंडरस्टैंडिंग है,
अच्छा बता
कौन सा काम पैंडिंग है?

– ए॰ के लिए जो बोला था तू
वो मैं दे दिया।
– अच्छा और बी॰डी॰?

– उसने भी
बड़े प्यार से ले लिया।

– ओ॰ के॰!

– डी॰पी॰ को
बीस का फ़िगर बोला मैं।

– ठीक है, फ़िगर जमती है।

– लेकिन वो बोला
कमती है।

– क्या?
कमती बोला वो
शैतान की औलाद!

– हां, वो भी लेने के बाद!

– फिर?

– फिर क्या मेरा सिर!
मैं बोला नामुमकिन,
आजा होलीडे इन

मेरे सामने बैठके गिन।
इस मामले में
अभी तक
हमारी साख नहीं गिरी,
कमती निकलें तो
हज़ार शेयर फ़िरी।
खम्बानी के।

– यानी के. . . अच्छा, दैन वो आया?

– नईं, मैसेज भिजवाया।

– कैसे?

– लिख के चिट्ठी में।

– फिर तो वो मिल गया मिट्टी में।
चिट्ठी संभाल के रखना,
और फिर देखना
उसका बिलखना।
लेकिन यार
ये सूटकेस का मामला
हो गया संजीदा।

– ख़ाक संजीदा,
अरे वी॰ आई॰ पी॰ के पास जाना था
इसलिए वी॰ आई॰ पी॰ का ही
सूटकेस तो ख़रीदा।

– वो तो सब ठीक है,
पर मामला बारीक है।
वो पूछते हैं
इतना इसके अंदर कैसे आया?
तो मैं भर के दिखाया
उठा के दिखाया
घुमा के दिखाया।

– अच्छा,
अटैची तूने घुमाई थी?

– हां यार।
जेठमलानी ने
दो दिन तक तो प्रैक्टिस करवाई थी।

– यार अपना मुल्क भी
कमाल है,
जिसको घुमाने वाला
एक दलाल है।
बीस हज़ार करोड़ का
पेट में कोई मरोड़ नहीं है
एक करोड़ के नाम पे रोता है,
हमारे यहां ऐसा ही होता है।

– हलो,
ये सब जनता का प्रताप है,
वो इस बात को जानती है
कि बीस हज़ार करोड़ में

मेरी मेहनत थी एक करोड़ में
उनका पाप है।
वो जानती है कि
कौन असली विधाता है,
चुनाव का खर्चा
आसमान से नहीं आता है।
अगर तुम नहीं जानते
कि सरकार कैसे चलती है
तो ये तुम्हारी ग़लती है।
अच्छा लीव इट यार
मैं एक गाना सुनाता हूं।

– डॉण्ट जोक यार
तू और गाना?

– हां शेयर नहीं बन रहे हैं
तो शुरू कर दिया है
शेर बनाना।
अब छोड़ सारी उधेड़बुन
गाना सुन।
झोली के नीचे क्या है. . .

– क्या बोला चोली के नीचे क्या है?

– चोली नईं यार झोली!
तेरे सामने तो शायरी हो ली!!
अफ़सोस कि मैंने
सुनने के लिए तुझको चुना!

– ठीक है, ठीक है
पर गाके सुना।

– झोली के नीचे क्या है,
थैली के पीछे क्या है।
हलो सुन रहा है
मैंने क्या कहा है?

– सुनाए जा डीयर,
साउंड इज़ एकदम क्लीयर।

– सुन!
झोली के नीचे क्या है
झोली के नीचे,
थैली के पीछे क्या है
थैली के पीछे,
थैली में रुपया मेरा
झोली में रुपया मेरा
ये रुपया दूंगा अपने उद्धार को,
सरकार को।
फुक फुक फुक फुक फुक फुक फुक. .

– हलो ये फुक फुक फुक क्या है?

– हलो,
सुन तो!
फुक जाय रुपया कितना
दे दूंगा मांगें जितना

भर दूं नोटों से उनके
परिवार को, घरबार को।
फुक फुक फुक फुक फुक फुक फुक. . .
झोली के नीचे क्या है,
थैली के पीछे क्या है।

– वाह क्या बात कही है
असली खलनायक का गाना तो यही है।
हो जाय ताली।

– हलो ताली तूने अकेले बजाई थी ?

– हां !

– फिर इतनी सारी
तालियों की आवाज़
कहां से आई थी ?
अच्छा अभी रखता हूं
लगता है
हॉटलाइन पर कोई
सुन रहा है।

अरे सुनने वालो सुन लो
ये तो मैंने
खुल्लमखुल्ला कहा है
कि आजकल नेताओं का
मुंह खुला है,
यहां कौन दूध का धुला है ?

हंसो और मर जाओ

ये हंसी भी चीज़ करामाती है,
आती है तो आती है
नहीं आती है तो
नहीं आती है।
आप कोशिश करते रहिए
हंसाने की
नहीं आएगी,
और आएगी
तो बिना बात की बात पर
आ जाएगी।

एक साहब
जो हर किसी को
हंसाने का
दम भर रहे थे,
एक बार
एक गैंडे को
गुलगुली कर रहे थे।
बहुत प्रयास किया
लेकिन गैंडा
मुस्कुरा के भी नहीं दिया।
हाथ-भर गुलगुली पर

एक इंच नहीं हंसा,
तो सामने वाले ने
ताना कसा –
बड़ा दम भरते थे
बड़ी ताल ठोकते थे
बड़ा अहंकार दिखाया,
पर गैंडा तो
ज़रा भी नहीं मुस्कुराया।

तो साब,
जैसे तैसे
उन्होंने झेंप मिटाई,
बोले –
खाल मोटी है न भाई!

और हैरत की बात ये
कि इस बात पर
गैंडा मुस्कुरा दिया,
हमने कहा –
मियां!
ये हंसी भी
चीज़ करामाती है,
आती है तो आती है,
नहीं आती है
तो नहीं आती है।

और जब आती है
तो तो धुंआधार आती है

रोके नहीं रुक पाती है,
दबाने की हर कोशिश
नाकाम हो जाती है।
होंठ भले ही सी लो
पर चेहरे पर
आंखों में, अदाओं में
झिलमिलाती है।

गाल गुलेल हो जाते हैं,
सारे ब्रेक फेल हो जाते हैं।
ये हंसी अपना शिकंजा
कुछ इस तरह कसती है,
कि मुंह-दांत भींच लो
तो तोंद हंसती है।
देखा है कभी
किसी तोंद का हंसना?
जैसे फैट्स के दरिया में
कैट्स का उछलना!

कहते है–
जानवर और इंसान में
अंतर यही है,
कि आदमी के पास हंसी है
जानवर के पास नहीं है।
और इसलिए
मेरा ये पुख़्ता बयान है,
कि जो नहीं हंसता
वो जानवर-समान है।

दोस्तो,
दरअसल ये हंसी बहुआयामी है,
जिगर, फेंफड़े, आंत, यकृत, तिल्ली,
गुर्दे, पसली, पेट की झिल्ली,
इन सबके लिए व्यायामी है।

जो अट्ठहास करते हैं
उनके तो हाथ-पैर,
पेट, पाचन-तंत्र
सबकी मशक़्क़त हो जाती है,
जो मनहूस हैं
उन्हें कब्ज़ की
दिक़्क़त हो जाती है।
पर सवाल तो यही है
कि कम्बख़्त आती है तो आती है
नहीं आती है तो नहीं आती है।

यों कभी-कभी
हंसी भी आती है अकेले में,
ये हंसी कुछ ऐसी होती है
जैसे मसाला छिपा रहता है
करेले में।
एक बार ब्रह्मा जी
अपने ऑफ़िस में
अकेले बैठे
ढूंढ रहे थे लेखनी,
क्योंकि
अशोक चक्रधर की फ़ाइल बंद करके

सुरेन्द्र जी की थी देखनी।
बहुत ढूंढी, बहुत ढूंढी, नहीं मिली,
पर अचानक उस एकांत में
उनकी बत्तीसी खिली,
क्योंकि लेखनी लगी थी
उनके कान पर,
और हम यह सोचकर
बलिहारी हैं
ब्रह्मा जी की मुस्कान पर
कि हंसी आती है
अपनी भूल पर,
हंसी ब्याज पर आती है
न कि मूल पर।
इसलिए वो हंसी अच्छी
जो अपने पर आए
वो हंसी अधम जो किसी को सताए।

लोग अक्सर हंसते हैं
कि सामने वाला शख़्स
ऐंचकताना है,
लूला है, लंगड़ा है, काना है।
अगर उसकी जगह तुम होते
तो सोचो
कि हंसते या रोते!
कमज़ोर पर हंसने में
कोई धाक नहीं है,
मित्रो,
मज़ाक करना कोई मज़ाक नहीं है।

अच्छा,
कभी-कभी उस हंसी पर
हंसी आती है
जो हंसी आती है देर से,
कभी-कभी हंसी आती है
शब्दों की उलटफेर से।

इस चराचर में
चौरी-चौरा के चौबारे में
चारा-चोरी पर इसलिए हंसो
क्योंकि हंसने के अलावा
कोई चारा नहीं है,
देखो, फंसने वाला भी
हंस रहा है
क्योंकि वो बेचारा नहीं है।
फंसा शायद इसलिए
कि चारा सबके लिए
बराबर नहीं था,
शेयर घोटाले पर इसलिए हंसो
क्योंकि घोटाले में
शेयर बराबर नहीं था।

हमारे एक मित्र
सीढ़ियों से फिसल गए,
वर्णन करने लगे तो
ऊटपटांग शब्द
उनके मुंह से निकल गए।

छत पर भले गए,
फिसली से ऐसे सीढ़े
कि सीढ़ते ही चले गए
सीढ़ते ही चले गए।

नवजात बच्चों की हंसी
मां की घुट्टी में है,
बड़े बच्चों की हंसी
स्कूल की छुट्टी में है,
और हमारे नेताओं की हंसी
सी बी आई की मुट्ठी में है।

ये हंसी एक चमत्कार है
चेहरे के भूगोल में
होठों का विभिन्न-कोणीय प्रसार है।
पिताजी हंसें तो फटकार है
मां हंसे तो पुचकार है
बीवी हंसे तो पुरस्कार है
पति हंसे तो बेकार है
उधार देने वाला हंसे तो इंकार है
लेने वाला हंसे तो उसकी हार है
दुश्मन हंसे तो कटार है
पागल हंसे तो विकार है
विलन हंसे तो हाहाकार है
पड़ोसी हंसे तो प्रहार है
दुकानदार हंसे तो भार है
हीरो हंसे तो झंकार है
हीरोइन हंसे तो बहार है

प्रेमिका हंसे तो इज़हार है
प्रेमी हंसे तो फुहार है
ओ हंसी
'तू धन्य है, तुझे धिक्कार है' !
क्योंकि जहां नहीं आनी चाहिए
वहां आने में देर नहीं लगाती है,
एक पल में महाभारत कराती है।
हंसी चीज़ करामाती है,
आती है तो आती है
नहीं आती है तो नहीं आती है।

ऐसी हालत में
कभी मत हंसना
जब सामने वाले के पास छिलका
और तुम्हारे पास
केवल संतरा हो,
मत हंसना जब
पागल के हाथ में छुरा हो।
कभी मत हंसना
जब नाई के हाथ में
उस्तरा हो।

मत हंसना
जब डॉक्टर को
बिना चश्मा
देखने में बाधा हो,
और तुम्हारे शरीर में
उसका इंजैक्शन आधा हो।

मत हंसना
जब पोलिंग बूथ पर
बुर्क़े में आदमी
लगा रहा ठप्पा हो,
या तब जब
कन्या के छोटे-से मुंह में
बड़ा-सा गोलगप्पा हो।

हंसी
एक छूत का रोग है,
हंसी
एक सामूहिक भोग है।
तुम हंसोगे
तो तुम्हारे साथ हंसेगा
पूरा ज़माना,
रोओगे
तो अकेले में पड़ेगा
आंसू बहाना।
सबसे अच्छी हंसी वो
जो अपने पर
दूसरों को हंसाए,
वो हंसी क्या
जो निर्बल का
कलेजा जलाए।

मज़ा तो तब है जब
आंसुओं की कहानी भी
हंसी में कह जाओगे,

वरना हंसी के बिना
ज़िंदगी में ज़िन्दगी को
ढूंढते रह जाओगे!
अपने ऊपर इसलिए हंसो
कि तुमने दुनिया को नहीं समझा,
दुनिया पर इसलिए हंसो
कि दुनिया ने
तुम्हें नहीं समझा।

अपनी भूलों पर
इसलिए हंसो
कि सुधार नामुमकिन है,
अपनी कामनाओं पर
इसलिए हंसो
कि पूरी नहीं होंगी।

मोहियों पर इसलिए हंसो
कि मोह झूठा है,
द्रोहियों पर इसलिए हंसो
कि द्रोह झूठा है।

करुणा, वात्सल्य, श्रृंगार, अंगार
वीभत्स, भयानक, अद्‌भुत, अचानक
सारे मनोभावों में
भ्रांति ही भ्रांति है,
एक केवल हास्य है
जिसमें विश्वशांति है।
हंसो तो सच्चों जैसी हंसी,

हंसो तो बच्चों जैसी हंसी।
इतना हंसो कि तर जाओ
हंसो और मर जाओ।
हंसी एक फटे-दिल के लिए
मुहब्बत की पाती है,
पर समस्या यही है कि
कम्बख़्त
आती है तो आती है,
नहीं आती है
तो नहीं आती है।

लाए साड़ी बलमा अनाड़ी

जी अपनी नकचढ़ी प्रिया का
जन्म-दिवस है आज,
वैसे अभी तलक उलझा था
असली तिथि का राज़।

तेरह है या सत्रह है या
होली की तिथि मानें,
पूछे कोई जन्म-दिवस तो
क्या तारीख़ बखानें?

हर होली तारीख़ बदलती
यह भी नहीं निदान,
पंडित ने पत्रा देखा
कर डाला अनुसंधान।

भूतकाल के अंधकार में
बिना जलाए टार्च,
खोजी जब सन् चउअन होली
निकली उन्निस मार्च।

जैसे पंडित ने तिथि खोजी
हमने खोजी साड़ी,

शॉपिंग करना क्या जानें,
हम ठहरे निपट अनाड़ी।

पके बेर-सी एक ख़रीदी
जिसमें सौ-सौ हाथी,
इससे अच्छी उस दुकान में
साड़ी और कहां थी!

जब ख़रीद ली, नज़र पड़ी
साड़ी काली काली पर,
सैल्फ़ डिज़ाइन सिल्क, वज़न में
ख़ूब ज़री वाली पर।

खुश लौटे बंगलौर शहर से
लेकर ख़ाली टेंट,
आज जन्म-दिन पर करते हैं
दो-दो साड़ी भेंट!

कैमरा देव की आरती

जय जय हो कैमरा देव की,
शक्ति तुम्हीं हो सत्यमेव की।
जय जय हो कैमरा देव की।

दुनिया झूठी पर तुम सच्चे,
पूजा करते हम सब बच्चे।
तुम्हें देखते ही जाने क्यों
पानी मांगें अच्छे-अच्छे।
सन्मुख आया, लेकिन पहले,
हीरो ने छः बार शेव की। जय जय हो. . .

तुम्हीं मीडिया के टायर हो,
तुम्हीं तीसरे अम्पायर हो।
पल में पोल खोलने वाले,
ईश्वर हो तुम इंक्वायर हो।
सत्य दिखाकर न्यायालय में,
कितनों की ज़िंदगी सेव की। जय जय हो.

तुम चाहो तो वंडर कर दो,
नाली बीच समंदर कर दो,
सुंदर को बंदर सा करके,
बदसूरत को सुंदर कर दो।

अगर खींचने पर आ जाओ,
भद्द पीट दो कामदेव की। जय जय हो. . .

तुमने सारी दुनिया नापी,
तुमने जी की बातें भांपीं।
अच्छे अच्छे पहलवान की,
तुम्हरे आगे टांगें कांपीं।
मुख पर आय पसीना लेकिन
फ़ीलिंग होती कोल्ड वेव की। जय जय हो. . .

फूल चढ़ाऊं खील चढ़ाऊं,
दिया जला कंदील चढ़ाऊं।
जितना चाहे उतना खींचो,
टेप चढ़ाऊं, रील चढ़ाऊं।
खुले पिटारा, हो उद्धारा
स्वीकारो अरदास स्लेव की। जय जय हो. . .

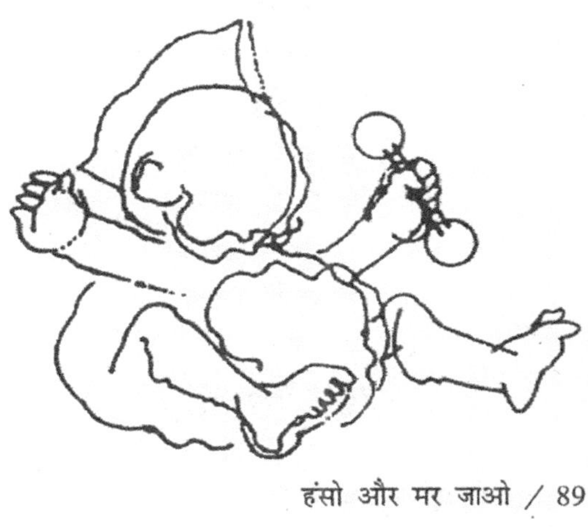

अब तो पगले मुस्कुरा

तोड़ दे मनहूसियत
मनहूसियत में क्या धरा ?
घर से
दफ़्तर आ गया है
अब तो पगले मुस्कुरा।

तेरे साहब
और तुझमें
एक मौलिक फ़र्क़ है
अफ़सरी भाती है उसको
और तुझको अप्सरा।

मेरे
हर अरमान पर भी
इस तरह फेरा गया,
जिस तरह
चाणक्य के सिर पर
फिरा है उस्तरा।

ब्याह में इसके
बचे हैं
कुल मिलाकर चार दिन,

ये तो
पहले से डरा है
और इसको मत डरा।

बाल और नाख़ून तो
बनमानुषों से हो गए,
अब मियां
जंगल में जाके
ढूंढ लो इक कंदरा।

लौट कर वनवास से
जब पांव छूने को झुके,
मातु कौशल्या ने
झट आगे बढ़ा दी
मंथरा।

संतरी के
आख़िरी अल्फ़ाज़ थे
जब बम फटा,
मुफ़्त में भी दे
तो मत लेना
किसी से संतरा।

मैं उछलता-कूदता रहता हूं
हरदम डॉक्टर,
जाने किस बंदर का
तुमने
ख़ून बोतल में भरा?

इक टिफ़िन
सब्ज़ी का थैला
फ़ाइलों का बोझ ले,
लौट कर दफ़्तर से आया
हो चुका हूं अधमरा।

शायरी करना नहीं है
हर किसी के
हाथ में,
सीखनी है तुझको
तो कर
चक्रधर से मशवरा।

चक्रधर का मशवरा
लेकिन समझ पाया है कौन
हो सिकंदर या कलंदर
सिरफिरा या मसख़रा।

ज़िंदगी का आंकड़ा

याद रहता वही
जो गड़ा है,
ज़िंदगी का
यही आंकड़ा है।

नाज़-नखरों से पाली
हंसी का,
दर्द से
ब्याह करना पड़ा है।

जिससे बच के
इधर से
मैं गुज़रा,
सामने मेरे
वो ही खड़ा है।

ये न समझो कि
बस तुम दुखी हो,
दर्द
हर आदमी का
बड़ा है।

याद में
हम चलो
मौन रख लें,
आख़िरी सांस तक वो
लड़ा है।

याद रहता वही
जो गड़ा है।

बात करनी है तो कर लो

सिर्फ़ तुम हो
सिर्फ़ तुम
जिससे कि मैं बेज़ार हूं,
बात करनी है
तो कर लो
मैं अभी तैयार हूं।

बात बेज़ा है अगर तो
बात कर करना ही क्या
फिर भी कर लूंगा चलो
मैं शख़्स ज़िम्मेदार हूं।

हूं जटा-शंकर
कि जिसमें
सत्य की गंगा बहे,
तुमने समझा
मैं फ़कत
इक ज़ुल्फ़
छल्लेदार हूं।

दिख गए तेवर तुम्हारे
दिख गईं लफ़्फ़ाज़ियां

बाख़बर मैं भी हूं
मैं भी उग्र, बरख़ुरदार हूं।

सेंध करके
घुस न आना
और भी दीवार हैं,
सत्य की रक्षा करूंगा
एक पहरेदार हूं।

बात करनी है
तो कर लो
मैं अभी तैयार हूं।

शिमला की माल रोड

दिल को बहुत लुभाती है
शिमला की माल रोड,
हर वक़्त मुस्कुराती है
शिमला की माल रोड।

ऊपर कभी ले जाती है
शिमला की माल रोड,
नीचे कभी ले आती है
शिमला की माल रोड।

इस छोर से उस छोर के
रस्ते के दरमियां,
ज़ालिम कई बल खाती है
शिमला की माल रोड।

इक बार गुज़रने से
न पूरे हुए अरमान,
चक्कर कई लगवाती है
शिमला की माल रोड।

सूरज का सफ़र देखती
पूरे सुकूं के साथ,

चांद आते ही इतराती है
शिमला की माल रोड।

तुम आओ और मिल न पाओ
रूठ जाएगी,
सचमुच बड़ी जज़्बाती है
शिमला की माल रोड।

स्कैंडल पाइंट पे
होती है बदगुमान,
गेटी पे गुनगुनाती है
शिमला की माल रोड।

निश्छल हंसी बिखेरें जब
बिंदास तितलियां,
चिड़ियों-सी चहचहाती है
शिमला की माल रोड।

ख़ुशबू पता चले न ही
रंगों का हो गुमान,
कुछ ऐसे गुल खिलाती है
शिमला की माल रोड।

रिमझिम ज़रा हुई कि
छतरियां खुलीं तमाम,
बुर्क़े में सिमट जाती है
शिमला की माल रोड।

कमरे में बंद क्यूं युंही
बैठे हो भाई-जान,
देखो तुम्हें बुलाती है
शिमला की माल रोड।

वो चक्रधर खड़ा है
लो उसके भी ऑटोग्राफ़,
यूं दोस्ती कराती है
शिमला की माल रोड।

मिन्नतें कीं बहुत

अर्ज़ियां ले गए
किंतु
टाली गईं,
मिन्नतें कीं बहुत
किंतु
ख़ाली गईं।

पीर रूठे हुए
क्यों
नज़र आते हैं
चादरें तो
मज़ारों पे डाली गईं।

ताल में
क्यों नहीं
दीखतीं मछलियां
गोलियां चून की तो
उछाली गईं।

झुनझुना-सा
बजाते थे
बच्चे जिन्हें,

वो सभी गुल्लकें
तोड़ डाली गईं।

बंद दड़बे में
ज्यों
चुग रहीं मुर्ग़ियां,
लड़कियां भी
इसी भांति पाली गईं।

हाथ का कौर
बस
हाथ में रह गया,
थालियां
सामने से
हटा ली गईं।

मिन्नतें कीं बहुत
किंतु
टाली गईं।

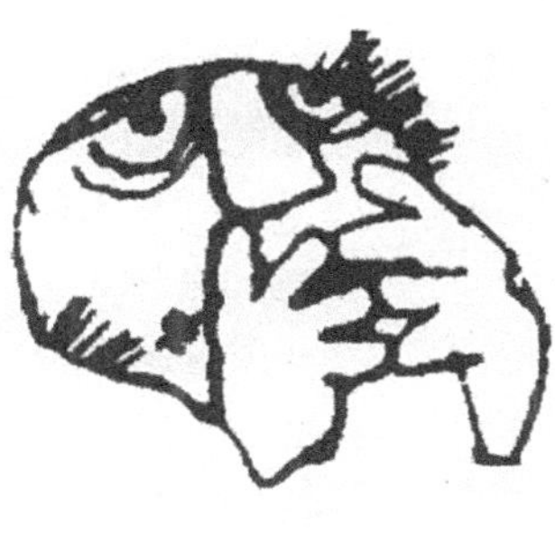

फूलों से शर्मिंदा

क्या बतलाऊं
सुविधाओं में
कैसे-कैसे
ज़िंदा हूं,
गुलदस्ते में
फूल सजाकर
फूलों से
शर्मिंदा हूं।

कोठी भी है
गाड़ी भी है
रोटी भी है
मक्खन भी,
किस मुंह से
कहता हूं सबसे
मुफ़लिस का
कारिंदा हूं।

खुश होते हैं
जब मिलते हैं
कौली भी
भर लेते हैं,

मुड़ते ही जो
आए लबों पे
मैं अपनी ही
निंदा हूं।

दो सारस
कछुए को लेकर
नभ में
उड़ने वाले थे,
एक नहीं राज़ी
मैं सहमत
दूजा
मूक परिंदा हूं।

इस माथे पर
शिकनें लाखों
कुछ अपनी
कुछ दुनिया की,
जिसके दोनों ओर
नदी हों
उस तट का
बाशिंदा हूं।

उलझन तो
शायर को
बहुत थी
कैसे मुक़म्मल
हो ये ग़ज़ल,

जिसको वो
न निकाल सका
मैं ऐसा शेर
चुनिंदा हूं।

ये मत करना
वो मत करना
आहत हुआ
नसीहत से,
भूतकाल के
आईने में
खड़ा हुआ
आइंदा हूं।

क्या बतलाऊं
सुविधाओं में
कैसे कैसे
ज़िंदा हूं?

किसे कहें
किसे बोलें
किसे मनाएं
आपको ही बताते हैं
अपनी–

कामनाएं

क्या हो अख़बार में

अख़बारों को ख़बर चाहिए
क्या संयम क्या मर्यादा,
उतना ही अख़बार बिके
मरने वाले जितने ज़्यादा।
लूट पाट हत्या की ख़बरें
चटखारे से पढ़ते क्यों,
क्यों अपने अंदर के
इंसां की हिंसा पर आमादा?

प्रेम प्रकाशित करने वाली
ख़बरों को ऊपर लाएं,
सद्यः टूटे हुए दिलों की
दीवारें फिर बनवाएं।
संवेदन की झंकृतियां हों
हृत्वीणा के तारों में
ऐसा कॉलम हो भविष्य का
बच्चे अपने मुस्काएं।

चिट्ठी राम के नाम

राम तुम्हारे नाम
जेब में चिट्ठी रक्खी है,
भेज रहा हूं आज
कई दिन पहले लिक्खी है।

हाथ जोड़ कर करूं प्रार्थना
सर्वप्रथम रघुराई,
संकट में है आज तुम्हारे
आसन की ठकुराई,
शोर तुम्हारे भी कानों तक
शायद पहुंचा होगा,
इस चिट्ठी को तार समझना
भारी विपदा आई।
पीस रही इंसानों को
हिंसा की चक्की है।

भेज रहा हूं आज
कई दिन पहले लिक्खी है।
सबसे पहले मुझे बताना
रूप बदल क्यों डाला,
सिया-लखन के साथ सौम्य-मुख
शांत वन-गमन वाला,

हाथों में हर समय धनुष क्यों
तना हुआ रखते हो,
मंद-मंद मुस्कान कहां है
क्यों आंखों में ज्वाला?
ऐसा रौद्र स्वरूप देख
दुनिया भौचक्की है।

भेज रहा हूं आज
कई दिन पहले लिक्खी है।

हिंदू जागा, हिंदू जागा
पर उसमें क्या जागा,
तोड़ रहा है, बड़े जतन से
कता प्रेम का धागा,
जिस धागे से कती चदरिया
सदियों तक ओढ़ी है,
तार-तार कर रहा उसे
तेरा उन्माद अभागा।
नाम तुम्हारा लेकर
कैसी हुई तरक़्क़ी है!

भेज रहा हूं आज
कई दिन पहले लिक्खी है।

राधा-कृष्ण, पार्वती-शंकर
मनु की मनमीता को,
ईश्वर के संग याद किया
ईश्वर की परिणीता को,

सिया राम जय सिया राम
हम सिया राम रटते थे,
सिर्फ़ जय श्री राम पुकारें
भूल गए सीता को।
सत्ता की लोलुपता
तुमसे ऊपर रक्खी है।

भेज रहा हूं आज
कई दिन पहले लिक्खी है।

एक मरे, दो मरें, दस मरें

एक मरे, दो मरें, दस मरें
सौ मर जायं, हज़ार मरें,
है सवाल इतना-सा भैया
क्यों वे आख़िरकार मरें?

एक जान की भी क़ीमत है
व्यर्थ मरण दुखदाई है,
कुछ ज़ालिम लोगों ने लेकिन
संवेदना सुखाई है।

आठ मरे अहमदाबाद में
घेर लिया मन को दुःख ने,
मगर बंबई में तो भैया
चले गए हैं पांच गुने।

इन संख्याओं को सुनकर भी
हृदय नहीं हिल पाता क्यों,
फिर सवाल करता हूं ख़ुद से
यह सब यों झिल पाता क्यों?

दानव तो कल भी दानव थे
और आज भी दानव हैं,

इस पर रोक लगाकर फ़ौरन
सिद्ध करें हम मानव हैं।

चिड़िया बैठी गुरुद्वारे पर
गिरजा, मंदिर, मस्जिद पर
लेकिन क्यों जमकर बैठे हैं
अड़े हुए अपनी ज़िद पर।

गिरजा, गुरुद्वारे ये मंदिर
मस्जिद सभी हमारे हैं,
कहना है तो कहें गर्व से
हिंदुस्तानी सारे हैं।

लो ये ख़बर कलमुंही आई

लो ये ख़बर कलमुंही आई
फिर दंगों ने ली अंगड़ाई,
फिर से चाकू मस्त हो गए
लाठी ख़ुश, बल्लम मुस्काई।

कैरोसिन पैट्रोल मगन हैं
मचल रही है दियासलाई,
मुदित तमंचा बम से बोला –
चलो चलें हम भाई-भाई।

मिल-जुल-कर खुलकर खेलेंगे
इंसानों की शामत आई,
लो ये ख़बर कलमुंही आई
फिर दंगों ने ली अंगड़ाई।

इंसानो ! क्या तुमने देखा
इन सबमें है कितना एका,
ग़ज़ब संगठन, भारी ताक़त
लें सारी हिंसा का ठेका।

चाकू, छुरे, कृपान, तमंचे
गुर जानें हिल मिल रहने का,

पलक झपकते सभी निकलते
मिले इशारा एक जने का।

आओ इनसे हम भी सीखें
ढंग तत्काल एक होने का,
शामत फिर इनकी आ जाए
स्वर आए इनके रोने का।

ये बस लहू बहाना जानें
मुफ़लिस का, भूखे-नंगे का,
जागरूक हो अगर पड़ोसी
प्रश्न नहीं उठता दंगे का।

आज एक होकर इंसानो
हथियारों से करो लड़ाई,
क्यों ये ख़बर कलमुंही आई
फिर दंगों ने ली अंगड़ाई।

सत्यव्रत

था सीधा सा इंसान
जिसका नाम सत्यव्रत,
करता नहीं था
कोई ग़लत काम सत्यव्रत।
कैसे बुराइयों का
अंत हो समाज से,
घुलता इसी फ़िकर में
सुबह शाम सत्यव्रत।

सब जानते थे
सत्य एक पत्रकार है,
हर झूठ छल फ़रेब से
वो निर्विकार है।
उसके ज़ेहन में घूमते हैं
सैकड़ों सवाल–
क्यों पाप इतना बढ़ेगा
क्यों अंधकार है?
सच्चाई के दामन पे करे
झूठ दस्तख़त
जुल्मो–सितम की क़ैद में
घुटती है असलियत।
दिल की भरी बंदूक में

बेचैनियों का ज़ोर
नज़रों से
ट्रिगर दाबता रहता था सत्यव्रत।

था सत्यव्रत हमारा
नहीं सिर्फ़ दिखावा,
इंसानियत के दर्द का
दमदार था दावा।
ऊपर से
शांत ज्वालामुखी के समान था,
भीतर सुलग रहा था,
धधकता हुआ लावा।

लावा जो सुलगता था
निकल के ही रहेगा,
वो सोचता था–
ज़ुल्म को हरगिज़ न सहेगा।
अब तो उबल रहा था
उसके ख़ून में जुनून,
जो कहना चाहिए उसे
मुंह-तोड़ कहेगा।

क्या आपको पड़ी है जी
अपनी निबेड़िए,
खा जाएंगे समाज के
ख़ूंख़ार भेड़िए।
कहते थे लोग–
सोइए मुंह ढक के शान से,

नरभक्षियों को
मांद में जाकर न छेड़िए।

सच्चाई बुरी चीज़
बनी जी का झमेला
फुटपाथ पे पटका
कभी पत्थर पे धकेला।
सारे तमाशबीन ज़ेहन
सोचते थे बस–
कैसे लड़ेगा शख़्स ये
दुनिया से अकेला!

दुनिया को बदल डालूंगा
कहता था बहू से,
वो चाहता था
कोई ग़रीबों को न चूसे।
इक रोज़ मगर
चंद क़ातिलों ने रचा ली,
ज़ालिम इरादों वाली छुरी
उसके लहू से।

था ज़लज़ला बला का
गए लोग तिलमिला,
इक सत्य की हत्या से
दरिन्दों को क्या मिला!
ये लाश सचाई की
हम सभी से पूछती–
कब तक चलेगा और

दमन का ये सिलसिला ?

सच्चाई की लड़ाई में
लो हो गया शहीद,
हम सबके सामने हुआ
हम सब हैं चश्मदीद।
बंजर हमारे दिल-दिमाग़ को
झिंझोड़ के,
सींचा लहू से उसने
और हो गया शहीद।

भरपूर आग के लिए
चिंगारी दे गया,
हर अत्याचार काटने की
आरी दे गया।
वो बेक़रारी भर गया
बेबस दिलों में आज,
संघर्ष रहे जारी
ज़िम्मेदारी दे गया।

लड़ने से रोकती है
हर उस लत को छोड़ दे,
हां तोड़,
हर नशे की ज़रूरत को तोड़ दे।
पैरों से ज़ंग खाई
बेड़ियां उतार के,
लाचार भूखे पेटों की
क़िस्मत को मोड़ दे।

आज़ाद हैं,
आज़ादी को लेकिन भुना-भुना,
इंसान को
इंसानियत को करके अनसुना,
मुफ़लिस की मेहनतों का
पसीना निचोड़कर
करते हैं तिजोरी में जो
पैसा कई गुना।

जो भ्रष्ट बेईमान
जिनके सैकड़ों चेहरे,
मानव की हर पुकार पे
बन जाते हैं बहरे।
ख़ामोश लबों की
सभी सींवन उधेड़ के
हो लाल सुर्ख़ तू भी
और उनसे ये कह दे-

है जंग अभी जारी
लड़ाई अभी जारी,
लावे की आग खौलती
नस-नस में हमारी।
सौंपी जो सत्यव्रत ने आग
बुझ नहीं सकती,
ओ आग!
ज़रा और आग
बढ़ के लगा री!

घर बनता है घर वालों से

दरवाज़ों से ना दीवालों से,
घर बनता है घर वालों से।

अच्छा कोई मकां बनाएगा
पैसा भी ख़ूब लगाएगा
पर रहने को नहिं आएगा
तो घर उसका भर जाएगा
सारा मकड़ी के जालों से।
दरवाज़ों से ना. . . !

घर में जब कोई न होता है
दादी है और न पोता है
घर अपने नैन भिगोता है
भीतर-ही-भीतर रोता है
घर हंसता बाल-गुपालों से।
दरवाज़ों से ना. . . !

तुम रहे भी मगर लड़ाई हो
भाई का दुश्मन भाई हो
ननदी से तनी भौजाई हो
ऐसे में तो राम दुहाई हो
घर घिरा रहेगा सवालों से
दरवाज़ों से ना. . . !

गर प्रेम की ईंट और गारा हो
हर नींव में भाई-चारा हो
कंधों का छतों को सहारा हो
दिल खिड़की में उजियारा हो
घर गिरे नहीं भूचालों से।
दरवाज़ों से ना. . . !

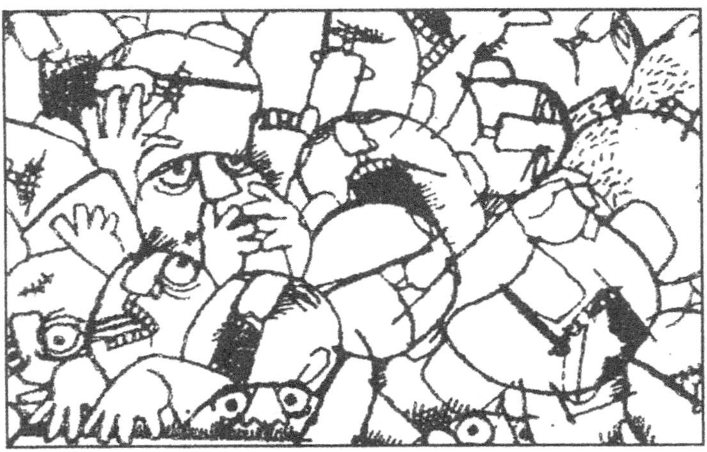

सद्भावना गीत

गूंजे गगन में,
महके पवन में,
हर एक मन में,
— सद्भावना।

मौसम की बाहें,
दिशा और राहें,
सब हमसे चाहें,
— सद्भावना।

घर की हिफ़ाज़त,
पड़ोसी की चाहत,
हरेक दिल को राहत,
— तभी तो मिले,

हटे सब अंधेरा,
ये कुहरा घनेरा,
समुज्ज्वल सवेरा,
— तभी तो मिले।

जब हर हृदय में
पराजय-विजय में

सद्भाव लय में,
– हो साधना।

गूंजे गगन में,
महके पवन में,
हर एक मन में,
– सद्भावना।

समय की रवानी,
फ़तह की कहानी,
धरा स्वाभिमानी,
– जवानी से है।

गरिमा का पानी,
ये गौरव निशानी,
सुखी ज़िंदगानी,
– जवानी से है।

मधुर बोल बोले,
युवामन की हो ले,
मिलन द्वार खोले,
–संभावना।

गूंजे गगन में,
महके पवन में,
हर एक मन में
– सद्भावना।

हमें जिसने बख़्शा,
भविष्यत् का नक्शा,
समय को सुरक्षा,
–उसी से मिली।

ज़रा कम न होती,
कभी जो न सोती,
दिए की ये जोती,
–उसी से मिली।

नफ़रत थमेगी,
मुहब्बत रमेगी,
ये धरती बनेगी,
– दिव्यांगना।

गूंजे गगन में,
महके पवन में,
हर एक मन में
– सद्‌भावना।

मौसम की बाहें,
दिशा और राहें,
सब हमसे चाहें,
– सद्‌भावना।

वैसे तो हमें ख़ास
शुभ काम न आएं,
पर दोस्तों को
हर साल भेजते रहे–

शुभकामनाएं

गया उनासी आया अस्सी/1980

बीता बरस बात हुई बासी
पूरी हो गई बारह मासी
गया उनासी।

वही गंडासी, वही संडासी
वही उबासी, वही उदासी
गया उनासी।

चंदो चची झूल गई फांसी
दादा जी को खुर्रा-खांसी
गया उनासी।

भारत के हालात सियासी
बजा स्वार्थ का भीमपलासी
गया उनासी।

नेता हुए अंध विश्वासी
तंत्र-मंत्र, साधू-संन्यासी
गया उनासी।

कुर्सी भोग लगाएं विलासी,
देखें किसकी होय निकासी।
गया उनासी।

करे चांदनी अच्छी-ख़ासी,
नए बरस की पूरनमासी।
गया उनासी।

कुर्सी बनी हुई है रस्सी
राजनीति में रस्साकस्सी।
आया अस्सी।

खुशहाली सांपों ने डस्सी।
हास्य-व्यंग्य की पीओ
लस्सी।
आया अस्सी।

अस्सी क्षमताएं/1981

1. अ से असम
2. समस्या विषम
3. हम-ही-हम देशी
4. बाक़ी विदेशी
5. मुरादाबाद
6. दंगे आबाद
7. मस्जिद में तोप
8. जनता में कोप
9. ख़ूब मची हलचल
10. निकली टॉय पिस्टल
11. हवाई उड़ान
12. संजय की जान
13. कुएं गिरी धन्या
14. अर्स की कन्या
15. दहेज दहेज
16. भारी लगेज
17. हत्याएं
18. बनाम आत्महत्याएं
19. बलात्कार
20. धुआंधार
21. बाघवत बागपत
22. शर्म-शर्म लानत

23. सभ्यता नंगी
24. हुई अंगभंगी
25. पुलिस का तमाशा
26. जंगल की भाषा
27. नाम के ही रक्षक
28. भक्षक ही भक्षक
29. घायल क़ानून
30. चारों तरफ़ ख़ून
31. मरे निरपराध
32. डाकुओं का श्राद्ध
33. चलते निर्बाध
34. सारे अपराध
35. श्रीमान गरचा
36. ख़ूब रही चरचा
37. तिरंगा बिल्ला
38. या रंगा बिल्ला
39. ये अंधे क़ैदी
40. चीख़ मर्मभेदी
41. तेज़ाब हाय
42. गंगाजल कहाय
43. पूर्ण सूर्यग्रहण
44. कहां मिले शरण
45. सुरक्षा विधेयक
46. भविष्य का क्षेपक
47. ज़हरीली शराब
48. मौत बेहिसाब
49. शिक्षित बेरोज़गार
50. काम दो या कामगार

51. लखनऊ शिया-सुन्नी
52. रोती हुई मुन्नी
53. हाय-हाय चीनी
54. मुख से चाय छीनी
55. रोती है बस्ती
56. बस मेहनत सस्ती
57. शहर में घुसते
58. रिश्ते ही रिश्ते
59. ठंडे पड़े गब्बर
60. स्वागत राज बब्बर
61. रेल दुर्घटनाएं
62. त्रिपाठी जी लाएं
63. पांडे केदार
64. रेल में सुधार
65. पोली योजनाएं
66. झूठी आलोचनाएं
67. कुछ तो दल विरोधी
68. सुविधा की गोदी
69. पुकारे दरबार
70. राजीव राजकुमार
71. बाढ़, कंप, सूखा
72. रामलखन भूखा
73. किसानो ख़बरदार
74. नेता गिरफ़्तार
75. भयानक ग़रीबी
76. परेशां बड़ी बी
77. बाबा ब्रेझनेव
78. तुम ही धन देव

79.   मांग रही बीवी
80.   रंगीन टी॰ वी॰

सन् अस्सी में देखीं हमने केवल अस्सी क्षमताएं,
इक्यासी में जिस-जिस को शुभ काम न आएं
आप उसे कुछ समझाएं!

इक्यासी का म्यूज़ियम/1982

आइए !
इक्यासी के म्यूज़ियम की
चंद नायाब, लेकिन
सस्ती चीज़ों की तरफ़
ग़ौर फ़रमाइए!

लीजिए करें शुरूआत!
सबसे पहले देखिए –
फ़्रेम में जड़े,
दीवार पर टंगे हैं
एक नौजवान के
कटे हुए हाथ।
दक्षिण के उस बेरोज़गार ने
बैठे-ठाले,
ये हाथ
फ़ालतू समझ कर काट डाले।
अस्पताल में ये सड़े नहीं
सिकुड़े नहीं, अकड़े नहीं
इनमें बदबू नहीं आई,
इनकी खाल नहीं मुरझाई
आप कहेंगे–
मामला तिलस्मी है!

नहीं ! इन हाथों के पीछे
लाखों करोड़ों बेरोज़गारों के
ख़ून की गर्मी है।

ये एक स्कूली बच्चे का बस्ता है
हुज़ूर बड़ा सस्ता है!
पटना स्कूल की घटना के बाद
क्लास-रूम में दिखा था
जहां ब्लैकबोर्ड पर लिखा था–
'मम्मी, मैं चौक खा रहा हूं।'
तो बंदापरवर!
दो महीने की छुट्टियां बिताई हैं
क्लास-रूम में बंद रहकर।
ये बस्ता, शिक्षा-व्यवस्था की
लापरवाही बताता है,
उस बच्चे की धीमी मौत का
आंखों देखा हाल सुनाता है।
ये चंद जूते हैं
कुछ साबुत हैं
कुछ टूटे हैं।
इन्हें हमारे कर्मचारियों ने
मुरादाबाद की मस्जिद,
देवली की हरिजन बस्ती,
और क़ुतुब मीनार के नीचे
अस्त-व्यस्त पाया था,
वहीं से उठाया था।
ये जूते-चप्पल
बिलकुल नहीं सोते हैं

दिन-रात रोते हैं।
सिर्फ़ एक है जो
हंसता हुआ लाया गया था,
इसे संसद भवन में
पाया गया था।

ये देखिए–कटोरा है,
इसे हमने एक भिखारी के
सामान से बटोरा है।
इसमें से भिखारी की
आवाज़ आती है,
हर समय
हर किसी के आगे रिरियाती है।
ये हमारे देश की
ऋणनीति का प्रतीक है।
ठीक है?

और ये एक कवि की
डायरी का आख़िरी पन्ना है,
इसे भी हमने
म्यूज़ियम के लिए चुना है।
हर समय फड़फड़ाता है–
मेरा क्या उपयोग?
कब सुधरेगी देश की हालत
कब सुख पाएंगे लोग?
मेरा क्या उपयोग???

शुभकामनाएं नए साल की/1983

सोचते दिमाग़ों को
नापती निगाहों को
गारे सने हाथों को
डामर सने पांवों को
उन सबको
जिन्होंने
सड़कें-इमारतें बनाई
कमाल की,
शुभकामनाएं नए साल की।

स्टेडियम, स्विमिंग-पूल
जिन्होंने बनाए,
खेल-कूद, जगर-मगर
देख नहीं पाए।
उन सबको
जिन सबकी
तिरछी हैं रेखाएं भाल की,
शुभकामनाएं नए साल की।
उनको
जो पता नहीं
कब आए
कब गए,

फ्लाइओवर बनाते हुए
दब गए।
जिनके परिवारों को
चिंता है
रोटी की, दाल की,
शुभकामनाएं नए साल की।

उनको भी
जिनको
कुछ पता नहीं,
एशियाड-वेशियाड
हुआ या
हुआ नहीं।
जिनकी रंगीनी में
चर्चाएं हैं बस
चौपाल की,
शुभकामनाएं नए साल की।

चूल्हे को
परात को
कलम को
दवात को
हर अच्छी चीज़ को
हर सच्ची बात को
हौसला मिले और
हिम्मत मिले
हर हाल की,
शुभकामनाएं नए साल की।

जीवन के ताप को
ताप के प्रताप को
ताप के प्रताप से
दमकते हुए आपको
पहुंचाता हूं
अपने शब्दों की पालकी,
शुभकामनाएं नए साल की।

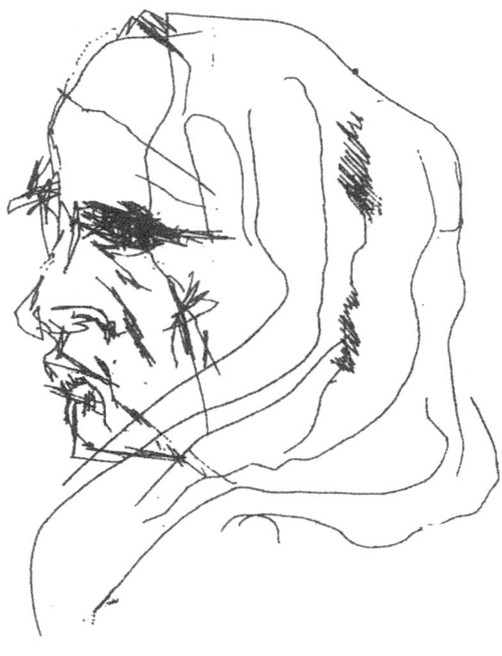

आ गया नया साल/1984

आ गया नया साल
अहा अहा।

वही रंग, वही ढंग
वही हाल, वही चाल
क्या कहा?
अहा अहा।
आ गया नया साल
अहा अहा।

उतरो जी बस से
अब लाइन लगाओ,
तुम इधर, तुम इधर
तुम उधर जाओ!
धांय धांय, रक्त लाल
ख़ूब बहा।
आ गया नया साल
अहा अहा।
ब्रह्मचारी सदाचारी
क्या बातें उछली हैं।
जल के हैं जंतु और
ये केवल मछली हैं

गंदा कर दिया ताल
नहा नहा।
आ गया नया साल
अहा अहा।

गुट निरपेक्ष लोग आए
मिल बैठे फ़ुरसत से,
'चोगम' में भी आए
लौट गए इज़्ज़त से।
फिर होगा कुछ कमाल
रहा सहा।
आ गया नया साल
अहा अहा।

हिंदी की चिंदी हुई
अश्क़ जी के अश्क़ बहे
अंग्रेज़ी धन्य, उसकी
सांत्वना ही बनी रहे।
थैचर दे गईं शाल
देवी महा।
आ गया नया साल
अहा अहा।

बिखराएं गंध-फूल
आप बनें गमले-से
स्वस्थ-व्यस्त रहें और
अगला वर्ष पहले से
बेहतर हो, बहरहाल

हर लमहा।
आ गया नया साल
अहा अहा।

धन्य चौरासी तुझे धिक्कार/1985

कितने झटके, कितने सदमे
कितने नाटक, कितने मजमे
कितने कौतुक, कितनी क्रीड़ा
कितनी आहें, कितनी पीड़ा
आफ़त की भरमार।
धन्य चौरासी तुझे धिक्कार।

अच्छा है सारे जहान से
दीख रहा था आसमान से
पर नीचे हिन्दोस्तान में
मारकाट में घमासान में
बीता बरख़ुरदार!
धन्य चौरासी तुझे धिक्कार।

हिंसा का बेअंत सिलसिला
मानवता भी गई तिलमिला
अपनों का विश्वास हिलाकर
संप्रदाय का ज़हर मिलाकर
हंसता है मक्कार!
धन्य चौरासी तुझे धिक्कार।

हवा करी ज़हरीली सारी
गैस हो गई अत्याचारी
कितना धूआं कितनी लाशें
अब बच्चों को कहां तलाशें
लील गया किलकार!
धन्य चौरासी तुझे धिक्कार।

हर अंतर में हरे घाव का
हत्याओं का या चुनाव का,
वादों का या प्रतिवादों का
असहनीय से अवसादों का
तू ही ज़िम्मेदार!
धन्य चौरासी तुझे धिक्कार।

मार-मार कर भारी टक्कर
बीता चौरासी का चक्कर
पिचा हुआ है जनमन सारा
पिच्चासी अब तुही सहारा
वंदन बारम्बार!
आ पिचासी तेरी जय जयकार।

सतासी तू इतना कर दे/1987

उम्मीद है
तू सताएगा नहीं सतासी!
और कुछ नहीं तो
इतना कर दे,
ये जो
खाइयां-सी खुद गई है न
दिलों में
नफ़रत और पराएपन की
इन्हें भर दे।

और दे सके तो
शासकों में
इसके लिए फ़िकर दे,
और फ़िकर भी
जमकर दे।
हत्यारों को डर दे,
और डर भी
भयंकर दे।
संप्रदायवादियों को
टक्कर दे,
और टक्कर भी
खुलकर दे।

बेघरबारों को घर दे,
और घरों में जगर-मगर दे।
जरूरतमंदों को ज़र दे,
और ज़र भी
जरूरत-भर दे।

कलाकारों को पर दे,
और पर भी सुंदर दे।
उनमें चेतना
ऐसी प्रखर दें,
कि खिड़कियां खुल जाएं
हट जाएं परदे।

प्रश्नों को उत्तर दे,
उत्तरों को क़दर दे।

जैसे राजस्थान को नहर दे,
नहर को लहर दे।
हां, नेताओं को
और भी मोटे उदर दे,
उदर ढकने को
और भी महीन खद्दर दे।

अभिनय को स्मिता का हुनर दे
उसकी स्मृतियां अमर दे।

करमचंद को गाजर दे,
कचर-कचर कल्चर दे।
कल्चर के लिए
'अपना उत्सव' अगर दे,
तो ख़रचे कम कर दे।

अच्छा, ख़ैर
ये सब दे, दे, न दे
तू तो बस इतना कर दे,
ये जो
खाइयां-सी खुद गई हैं न
दिलों में
नफ़रत और पराएपन की
इन्हें भर दे।

मोटी-मोटी दो महिलाएं/1988

कुछ मुस्काएं, कुछ बतियाएं
लेकिन स्वैटर बुनती जाएं,
अट्ठासी की ये चपला-सी
मोटी-मोटी दो महिलाएं।

दाईं वाली मोटी महिला
आठ साल से जमी हुई है,
बाईं अभी-अभी आई है
इसीलिए कुछ भ्रमी हुई है।
ताल समंदर, जादू मंतर
भीम भंयकर चाकू ख़ंज़र
आठ बरस में इसने देखे—
कुछ दिलकश कुछ घायल मंज़र।

देखीं बड़ी अलाएं-बलाएं,
देखीं बड़ी किलोल-कलाएं।
अट्ठासी की ये चपला-सी
मोटी-मोटी दो महिलाएं।

देखे इसने राज़ बदल गए
तख़्त बदल गए, ताज बदल गए,

नए ताज के, नए राज़ के
कितने ही हमराज़ बदल गए।
देखे हज़रत कैसे कैसे
देखे इसने ऐसे वैसे,
पैसे देखे पानी देखा
देखे इसने ऐसे ऐसे–
ताल बजा, जो तीर चलाएं
चाम उधेड़ें, चंवर डुलाएं।

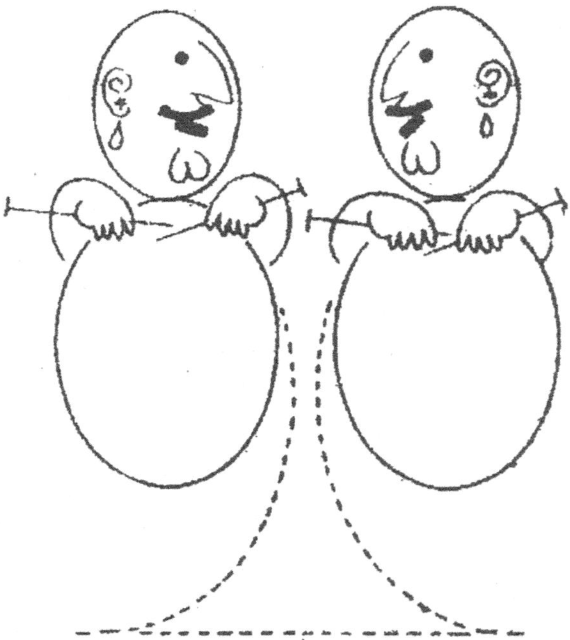

दाईं ने फिर आंख भिगोई
सता आज तक हुआ न कोई,
नारी ने ही नारकीय-सी
बोझिल एक ज़िंदगी ढोई।
कोई जलती कम दहेज पर
कोई जलती कम लगेज पर,
कुछ मजबूरी की मारी हैं
जल मरती हैं चिता सेज पर—
कितनी अमलाएं-कमलाएं
कितनी विमलाएं-सरलाएं।

ये जो नई-नई आई हैं
अनगिन आशाएं लाई हैं,
आना इसका हम सब मानें
हम सबको ही सुखदाई है।
जीवन के गोरखधंधे में
जोश जगाएं हर बंदे में,
गूंथ रही हैं, बड़े चाव से
स्वैटर के फंदे-फंदे में—
शुभकामनाएं, शुभकामनाएं,
शुभकामनाएं, शुभकामनाएं।
अट्ठासी की ये चपला-सी
मोटी-मोटी दो महिलाएं।

दे रहा नवासी नवाशीष / 1989

दे रहा नवासी
नवाशीष –
तू नवा सीस।

कहता है दफ़्तर का बबुआ
मांगी हमने भरपूर दुआ
बेहतर हो, लेकिन नहीं हुआ
कुछ दर्द बढ़े, कुछ बढ़ी टीस।
दे रहा नवासी
नवाशीष –
तू नवा सीस।

अब वज़न नहीं है बाटों में
ख़ाली थैले हैं हाटों में
चीज़ों के निर्मम पाटों में
सुरसा मंहगाई रही पीस।
दे रहा नवासी
नवाशीष –
तू नवा सीस।

क्यों क्रांति नहीं है, क्राइम है
ज्यों जले ज़ख़्म पर लाइम है
आफ़िस में ओवरटाइम है
ज़िंदा रहने की कड़ी फीस।
दे रहा नवासी
नवाशीष–
तू नवा सीस।

जारी जीवन–माला जपना
पूरा न हुआ कोई सपना
फिर भी तो नक़्शा है अपना
बस बने रहे नक़्शानवीस।
दे रहा नवासी
नवाशीष–
तू नवा सीस।

अब जनता तुम्हें बुलाएगी
धांसू कविता सुनवाएगी
ज़्यादा बोले लग लाएगी
धारा सौ ऊपर चवालीस।
दे रहा नवासी
नवाशीष–
तू नवा सीस।

पीड़ा है फिर भी मुस्काएं
मन में ऐसी इच्छा लाएं
इस भारत में सब हो जाएं
तन-मन-धन तीनों के रईस।
दे रहा नवासी
नवाशीष—
तू नवा सीस।

अक्कड़-बक्कड़/1990

अक्कड़ बक्कड़ बम्बे बौ
अस्सी नव्वै. . . नव्वै. . .नव्वै. . .
बोलो पूरे सौ!
बोलो बोलो पूरे सौ!!

नईं; नईं; नईं
अटक गई सुई
कि सौ में हैं दस साल
अभी तो नव्वै का देखें कमाल।

वी॰आई॰पी॰ से निकला 'आई'
राज कर रहे वी॰पी॰ भाई
एक नई कुर्सी लगवाई
बैठें देवी लाल!
बैठकर नव्वै का देखें कमाल।

जैकिट-शॉल बहुत रगड़ी हैं
अब तो यहां हरी पगड़ी हैं
ऊनी कैप हुई तगड़ी हैं

अक्कड़ बक्कड़
बम्बे बौ
अस्सी
नव्वै
नव्वै
नव्वै
नव्वै
नव्वै
नव्वै
90

ये पहनें तत्काल!
और फिर नव्वै का देखें कमाल।

घर मंत्री के घर में डाका
काश्मीर में हुआ धमाका
अब निचोड़ते हैं रुबिया का
भीगा हुआ रूमाल,
अभी तो नव्वै का देखें कमाल।

इक दुखड़े के कई फ़साने
इस मुखड़े के दो-दो गाने
अक्षर-दाने चले भुनाने
कवि हों या क़व्वाल!
मज़े से नव्वै का देखें कमाल।

एक जनवरी सफ़दर भाई
याद तुम्हारी कस कर आई
मूर्ति दिलों के मध्य समाई
कहीं लगे फ़िलहाल!
अभी तो नव्वै का देखें कमाल।

तीस कोटि रुपयों की शादी
जन-धन की ऐसी बरबादी
सोचे कुछ बातें बुनियादी
संसद की चौपाल!
अभी तो नव्वै का देखें कमाल।

गया नवासी क्या-क्या भोगा
कवि अब कुछ मीठा भी तो गा
जो था, जो है, जो भी होगा
सभी रहें ख़ुशहाल।
तभी तो नव्वै का देखें कमाल।

कहे नाइंटीवन, ये कैसा जीवन/1991

नाइंटी से बोला नाइंटीवन–
तुमने मुझे सौंपा
ये कैसा जीवन?
क्या होगी
इससे भी और बुरी ख़बरें
लाशें लावारिस
बिना चिता बिना क़बरें।
चारों ओर हत्याएं आगज़नी लूट!

नाइंटी बोला–
इसका कारण है
औषधालय और दवाख़ानों का डिस्प्यूट।
रोगियों और मरीज़ों में
भारी झगड़ा है,
पुलिस ने भी
लाठियों से, गोलियों से रगड़ा है।

उत्सुकता से बोला नाइंटीवन–
सब कुछ विस्तार से बताइए भगवन्!

नाइंटी बोला–
यार नाइंटीवन तू है भोला!

धीरे-धीरे ख़ुद समझ में आएगा,
जब ये सिलसिला
बढ़ता जाएगा।
दरअसल जिस इमारत को
दवाख़ाने का ढांचा
कहा जा रहा है,
पिछले छप्पन साल से
वहां एक भी मरीज़
इलाज के लिए
नहीं आ रहा है।
इसी ढांचे के
गर्भगृह के चबूतरे पर
आयुर्वेद का जन्म हुआ था,
इस बात ने रोगियों की
भावनाओं को छुआ था।
रोगी चाहते हैं कि
दवाख़ाने को हटाने का
प्रयास हो,
और उस स्थान पर
औषधालय का शिलान्यास हो।

नाइंटीवन कसमसाया—
मेरी समझ में नहीं आया!
इलाज होता है औषधालय में
इलाज ही होता है दवाख़ाने में,
नाइंटी तुम कैसी बातें करते हो
अनजाने में!
दवाख़ाने में इलाज नहीं चल रहा

तो चलना चाहिए,
औषधालय भी भव्यतम बनना चाहिए।
चरक संहिता मेरे स्मरण में है,
आयुर्वेद कहता है
औषधि सृष्टि के कण-कण में है।
दिमाग़ से महसूस करके
दिल से विचारो,
आयुर्वेद तो सर्वत्र है यारो।
जड़ी-बूटियों से ही औषधि बनी
जड़ी-बूटियों से ही दवाइयां।

नाइंटी बोला–
तू है महाकाइयां।
सूडो सैक्यूलर है,
इस समय रोगी जाग उठा है
उसी की लहर है।

नाइंटीवन बोला–
पर दंड कौन भरेंगे!
मज़े करेंगे वैद्य-हकीम
और रोगी-मरीज़ ही मरेंगे।

इतना कहकर उसने
नाइंटी को दे दी विदाई
और कारुणिक स्वर में
एक बहरतबील गाई–
हमको वैद्यों हकीमों ने घायल किया
रोग या मर्ज़ की है फ़िकर ही नहीं,

शक्ल हिन्दोस्तां की है दिल की तरह
क्यों समझते हो यह सबका घर ही नहीं,
यों न घोलो ज़हर, दिल बड़ा है अगर
फिर जगह की कमी या कसर ही नहीं,
औषधालय भी हों, दवाख़ाने भी हों,
दुश्मनी का कहीं हो ज़िकर ही नहीं।

आइए सर बानवै/1992

आइए सर बानवै
आ ही गए तो आइए
बान वैसे पर न हरगिज़
बंधु आप चलाइए,
ज्यों चलाए आपके अग्रज
श्री इक्यानवै ने
बन शिकारी धनुर्धारी,
छेद दी छाती हमारी।

क्रूर होकर धनुष ताना
दूर पेरंबदूर में,
लक्ष्य भेदा सोनिया की
मांग के सिंदूर में।

ऐन शिक्षक-दिवस को
शिक्षक हमारा शरद जोशी
जो दिखाता रास्ता,
सबको सिखाता था कि कैसे
रुग्ण सामाजिक अवस्था से
व्यवस्था से
लड़ा जाए,
कि कैसे व्यंग्य का औज़ार ले

आगे बढ़ा जाए।
उसे भी बान मारा
हृदय-गति अवरुद्ध कर
यों बुद्ध चिंतक
क्रुद्ध शिक्षक एक छीना,
व्यंग्य का अद्‌भुत नगीना।

तान कर आतंक डोरी
निरपराध निरीह नर-नारी चुने,
उनको मरण का बान मारा।

औ' विखंडन से जुड़ी
सीली-सड़ी
नापाक सौदेबाज़ियों के वास्ते
इस देश को
अधिकारियों के
अपहरण का बान मारा।
उत्तरी दिल्ली, यहां

विष की सुरा का बान मारा,
उत्तरी भारत, वहां
कंपित धरा का बान मारा।

ठीक क्रिसमस के दिवस
अपदस्थ करके गोर्बी को
खुद बनाए शस्त्र
पेरिस्त्रोइका का बान मारा।

बान अनगिन लग चुके
अब कहां तक गिनवाइए,
आइए सर बानवै
आ ही गए तो आइए।

आइए कुछ इस तरह
इस देश के जनतंत्र में
जन-मन पनपना
और अपनापन तनिक बाधित न हो,
सदा संसद भवन का सीधा प्रसारण
दूरदर्शन पर रहे होता
मगर श्रीमान संपादित न हो।
देखते हैं,
देखिए, सर बानवै
माया दिखाते किस तरह अपनी!
हां, हमारे पास
सरमाया रखा जो
हार्दिक शुभकामनाओं का
नहीं उसमें कमी!

राम राम राम!/1993

सृष्टि का परमपिता है एक
नाम रख डाले किंतु अनेक
वही है राम, वही अल्लाह
वही है ख़ुदा, वही है गॉड
वही है कृष्ण, वही क्राइस्ट
बनाया अपना-अपना इष्ट
सभी ने दिया प्रेम-संदेश
मगर क्यों झुलस रहा ये देश
न जाने क्या होगा अंजाम?
धर्म के नाम, ये क़त्लेआम!
राम राम राम!

धुआं-ही-धुआं, लपट ये चीख़
ज़िंदगी मांग रही है भीख
नाचते चाकू छुरे कृपान
मुड़े हैं उधर, जिधर इंसान
घृणा की आग, हवस का शोर
सुनाई देता है हर ओर
ख़ुदा के बंदो, मनु-संतान
अगर प्यारा है हिंदुस्तान
लगाओ इस पर शीघ्र विराम।
धर्म के नाम, ये क़त्लेआम!
राम राम राम!

जिन्होंने किए हृदय वीरान
छीन ली अधरों से मुस्कान
किया है वातावरण ख़राब
पी रहे हैं जो लहू-शराब
नहीं आती है जिनको शर्म
नहीं है उनका कोई धर्म
करी मानवता लहूलुहान
नहीं वे क़तई नहीं इंसान
करें उनकी कोशिश नाकाम।
धर्म के नाम, ये क़त्लेआम!
राम राम राम!

कहो आदम का मनु का वंश
सभी में एक ईश का अंश
सभी में एक ख़ुदा का नूर
सभी इंसान, सभी भरपूर
करे मानव से मानव प्यार
बने यह धरती इक परिवार
यही प्रत्येक धर्म का मर्म
यही कहता है हिंदू धर्म
यही तो कहता है इस्लाम।
धर्म के नाम, ये क़त्लेआम!
राम राम राम!